Lange / Klenk · Attraktive Bewegungsspiele

Harald Lange / Esther Klenk

Attraktive Bewegungsspiele für Grundschulkinder

2., durchgesehene Auflage

Limpert Verlag Wiebelsheim

Die Ratschläge in diesem Buch sind von den Autoren und dem Verlag sorgfältig erwogen und geprüft, dennoch kann keine Garantie übernommen werden. Eine Haftung der Autoren bzw. des Verlages und seiner Beauftragten für Personen-, Sach- und Vermögensschäden ist ausgeschlossen.

Bibliografische Information der Deutschen Nationalbibliothek
Die Deutsche Nationalbibliothek verzeichnet diese Publikation in der Deutschen Nationalbibliografie; detaillierte bibliografische Daten sind im Internet über http://dnb.d-nb.de abrufbar.

2., durchgesehene Auflage 2024

www.limpert.de

Zeichnungen: Scott Krausen, Mönchengladbach; Kasia Sander, Recklinghausen
Druck und Verarbeitung: Plump Druck & Medien GmbH, Rheinbreitbach
Printed in Germany / Imprimé en Allemagne
ISBN 978-3-7853-2009-9

Inhaltsverzeichnis

Inhaltsverzeichnis

Zur Einführung: Bewegungsspiele – Kleine Spiele

Bewegungsspiele und *Kleine Spiele* machen den Kindern Spaß und bieten gleichzeitig wichtige Lernmöglichkeiten innerhalb des erziehenden Sportunterrichts. Deshalb legen wir mit der vorliegenden Spielesammlung für den Grundschulsport einen differenzierten und pädagogisch strukturierten Spielefundus vor, den Lehrerinnen und Lehrer unmittelbar im Schulsport umsetzen können. Neben den vielen spannenden Spielvorschlägen präsentieren wir auch eine anschauliche Systematik der Bewegungsspiele, die sich jeweils am zentralen Spielmotiv ausrichtet und gleichzeitig mit hilfreichen Vorschlägen für die Unterrichtsplanung und -gestaltung versehen ist. Sämtliche Spielvorschläge werden deshalb in die fünf spieldidaktischen Kategorien eingeordnet und anschaulich dargestellt.

Bewegung als Spiel – Bewegungsspiele

Zu Beginn des Semesters brachte eine Studentin einen Artikel aus dem Sportteil der *Ludwigsburger Kreiszeitung* mit in das Spieleseminar. Dort war auf der ersten Seite in großen Lettern die Schlagzeile zu lesen: „*Titelverteidigung. Der Kampf gegen den Amerikaner – ein Kinderspiel!*" Obwohl nach dieser Schlagzeile ein Bericht aus dem Profiboxen folgte, benutzte der Sportjournalist die Metapher des *Kinderspiels*. Genauer gesagt, er bezog sich auf die Leichtigkeit, Unbekümmertheit und Naivität des Kinderspiels, was wir auch aus anderen Zusammenhängen her kennen, in denen wir Probleme sozusagen nebenbei lösen und den Umgang mit gestellten Aufgaben im metaphorischen Sinne als ein *Kinderspiel* erleben. Hinter dieser in unserer Sprache fest verankerten Metapher verbergen sich einige Auffälligkeiten des alltäglichen Spielens und Kennzeichens des Sich-Bewegens von Kindern.

Die Leichtigkeit des Kinderspiels

Dass Kinder für ihren Schulweg nicht ausschließlich den geteerten Fußweg benutzen, sondern sich an manchen Tagen viel lieber links und rechts neben diesem Weg auf unebene Rasenstreifen, unübersichtliche Gräben oder unwegsame Böschungen wagen, sollte auch Sportpädagogen interessieren. Das im Alltag beobachtbare Bewegungsverhalten der Kinder lässt nämlich den Schluss zu, dass sie die Kompetenz besitzen, ihren Bewegungsraum selbstbestimmt zu erweitern und mit ihren Bewegungen neugierig zu experimentieren und mit den sich dabei ergebenden Freiheiten variations- und einfallsreich zu spielen. Wenn also eingefahrene Wege langweilig werden, ist es sinnvoll, sie zu verlassen, um auf neuen Streckenführungen die Sicherheit des zügigen und ökonomischen *Nach-Hause-Kommens* gegen Sprünge über Gräben, Balanceakte über umgefallene Baumstämme oder Streifzüge durch knie- oder hüfthohes Gras einzutauschen. Wer genauer hinsieht, wird dieses verspielte Moment auch bei den Kindern entdecken, die *nur* den Fußweg benutzen und dort beispielsweise versuchen, genau auf dem Bordstein zu balancieren oder von Steinplatte zu Steinplatte zu springen bzw. immer auf den Linien, die die Fugen zwischen den Platten markieren, zu gehen. Dabei variieren sie nicht nur die Streckenführung, Geschwindigkeit und Richtung ihres verspielten Nach-Hause-Wegs, sondern verstehen es auch, Partneraufgaben zu integrieren und bereits Erfahrenes auch in anderen Situationen bzw. in Auseinandersetzung mit anderen Materialien zu vertiefen (z. B. in Form von Spielen wie Hinkelkästchen oder Gummitwist). Das immer wieder neue Aufteilen und spielerische Gestalten solcher

Bewegungen soll auch im Sportunterricht zum Thema gemacht werden. Dabei steht der Lehrende allerdings zunächst vor dem Problem, dass viele der im Sportunterricht thematisierten Bewegungsaufgaben und zur Verfügung gestellten Spielgeräte zumeist künstlich sind und sich deshalb von denen, die die Kinder z. B. auf ihrem Schulweg oder beim Spiel mit Freunden entdecken und ausprobieren, unterscheiden.

Zur Geringschätzung der Kleinen Spiele

Hinter dem typischen Satz des Sportlehrers – *Zum Abschluss machen wir noch ein Spiel* – verbirgt sich ein weit verbreitetes Denken, das die sportunterrichtliche Randstellung der Spiele kennzeichnet. Die *Kleinen Spiele* werden nämlich mancherorts lediglich als eine spaßbringende, aber nicht für ernsthafte Zwecke zu gebrauchende Tätigkeit gesehen. Möglicherweise handelt es sich oftmals auch nur um eine Art Belohnung, die sich die Kinder verdient haben, wenn sie zuvor gut mitgemacht und an diesem Tag im Sportunterricht viel geleistet haben. Für andere Kinder bedeutet diese geläufige Inszenierung des Spiels möglicherweise aber auch das sehnsüchtig erwartete Ende des Sportunterrichts, weil sie wissen, dass der Unterricht nur allzu oft mit diesem Ritual beendet wird. Der Eigenwert des Spiels taucht hierbei leider überhaupt nicht auf. Unterricht und Spiel werden hier als zwei verschiedene Dinge erkannt, die nebeneinander stehen und nicht aufeinander bezogen werden. Spielen wird dem Unterricht nachgestellt, es ist sozusagen *Nicht-Unterricht* und es scheint, als würde Spielen erst möglich werden, wenn der eigentliche Unterricht beendet ist (vgl. Dietrich 1980, 13). Manchmal werden die *Kleinen Spiele* aber trotzdem zielorientiert im Unterrichtsverlauf untergebracht und dort für andere Zwecke funktionalisiert, was ihnen ebenfalls ihren Eigenwert und -sinn nimmt und deshalb auch konsequent durch die Verwendung des Zusatzes *klein* zum Ausdruck gebracht wird.

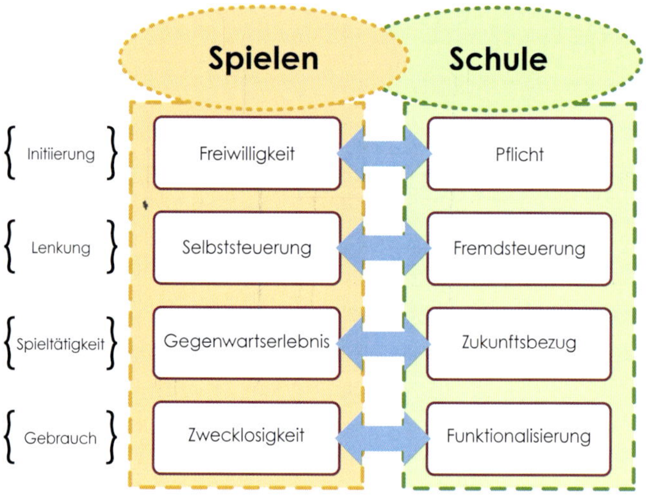

Abb. 1: Polaritäten zwischen dem freien Spiel und der Schule (vgl. bereits Dietrich 1980)

Um ein Spielmotiv herum systematisieren

Wenn der Eigensinn des Spiels Thema sein soll, müsste auch die Systematisierung darauf hinauslaufen, eine Spielvermittlung anzustreben, die es möglich macht, das Spiel hinsichtlich seines *Eigensinns* zu verstehen. Um das Spiel jedoch in dieser Weise verstehen zu können, muss der Spieler und der Lehrende das jeweils Typische eines Spiels erfahren und dadurch das Problem des spezifischen Spiels begreifen können. Dieses Typische eines Spiels lässt sich allerdings nicht haarscharf benennen, denn es kann nur in einem Spannungsfeld zwischen den speziellen Anforderungen an den Spieler und dem Reiz, den das Spiel auf ihn ausübt, erschlossen werden. Demnach stellt sich beispielsweise die Frage, was der Beweggrund der Spieler ist, ein bestimmtes Spiel zu spielen. Mit dieser Frage richtet sich die Aufmerksamkeit auf die Frage nach dem Ursprung des jeweiligen Spiels, also auf dessen Entstehungsbedingungen. Der *Ursprung* des Spiels offenbart uns wiederum das eigentliche Spielmotiv und das, was den

Spieler dazu antreibt, ein bestimmtes Spiel zu spielen. Auf diese Weise sollte es gelingen, herauszufinden, was denn das jeweils Typische, Besondere und Eigenartige eines Spiels ist. Genau das zieht letztlich die Spieler in seinen Bann und ruft deren schöpferische Kräfte hervor (vgl. Landau & Maraun 1993, 75). Wenn es gelingt, mehrere zentrale Motive zu identifizieren und voneinander abzugrenzen, dann ist es auch möglich, die Vielzahl vorhandener Spiele zu systematisieren und in Spielfamilien einzuteilen. Dabei wird das Ordnungs- und Vermittlungssystem aus dem jeweils Typischen und Ursprünglichen eines Spiels und seinen besonderen Anforderungen und Reizen abgeleitet (vgl. Landau & Maraun 1993, 73). In diesem Sinne ist beispielsweise der besondere Reiz eines Fußballspiels ein anderer als der eines Fangspiels oder eines Rollenspiels. In dem einen muss der Spieler den Ball in ein Tor befördern, in dem anderen vor jemandem wegrennen oder selbst einen Mitspieler verfolgen.

Spielideen nach Buytendijk

Von dem niederländischen Anthropologen Buytendijk (1970) stammt eine Kategorisierung der *Bewegungsspiele,* die sich systematisch an dem soeben skizzierten Ansatz orientiert. Er nimmt die jeweils zugrunde liegende Idee eines Spiels als Kriterium für seine Systematisierung auf (vgl. hierzu vor allem Dietrich 1980) und leitet daraus drei Typen von Spielen ab. Diesen kann man aus dem beachtlichen Fundus vorhandener Spielvorschläge die entsprechenden Spiele zuordnen. Die drei *Spielfamilien* ergeben sich aus:

Dem Spielen mit etwas:

Dabei handelt es sich um Spiele mit Gegenständen, Materialien, Objekten, mit denen etwas ausprobiert wird. Sie werden in Bewegung gebracht und dabei bewegen sich die Spielenden selbst mit. Es entsteht ein Bewegungsdialog mit den Gegenständen.

Dem Spielen als etwas:

Dabei handelt es sich um Spiele, bei denen die Spielenden selbst etwas darstellen, etwas imitieren, eine gespielte Wirklichkeit in Bewegung setzen und zur Aufführung bringen. Sie selbst übernehmen dabei bestimmte bewegende Rollen.

Dem Spielen um etwas:

Dabei handelt es sich um Spiele, bei denen nach frei vereinbarten und insofern *künstlichen* Regeln widerstreitende Spielerinnen, Spieler und/oder Parteien mit- und gegeneinander spielen. Sie versuchen dabei, ein *(das)* Spielziel zu verwirklichen, z. B. einen Ball in ein aufgestelltes Tor zu werfen.

Dietrich (1980) fügt den oben genannten Systematisierungen in seinem wegweisenden Aufsatz zum Thema *Spielen* noch das *Spielen mit anderen* hinzu. Seine Kategorie Spielen mit anderen steht mit den übrigen drei Kategorien in enger Beziehung. So meint Dietrich, dass in allen drei Kategorien das Problem erschwerend hinzukommt, mit anderen gemeinsam ein Spiel zu vollziehen und dass dies in unterschiedlichster Form die soziale Komponente des Spiels darstellt.

Fünf Spielfamilien nach Landau und Maraun

Landau & Maraun (1993) verfahren ebenso wie Buytendijk (1970), wenn sie die Bewegungsspiele nach ihrem bestimmten Spielsinn oder Spielmotiv kategorisieren. Sie differenzieren im Feld der Spielfamilien allerdings nicht nach drei, sondern nach fünf verschiedenen Akzenten. Aber auch in ihrem spielpädagogischen Vorschlag wird die Kategorisierung immer durch den einschlägigen und spezifischen Reiz des Spieles und dessen besonderer Ursprünglichkeit begründet. Darüber hinaus gehen Landau und Maraun aber noch in besonderer Weise auf den spezifischen *Beweggrund* und die charakteristischen Anforderungen ein. Sie verweisen also auch auf die motorischen und sozialen Bewältigungsprobleme, die das Spiel initiiert.

Wir möchten uns dieser differenzierten Unterteilung anschließen und skizzieren im Folgenden die kategorialen Beweggründe und Problemhorizonte dieser fünf Spielfamilien. Daraus ergibt sich zunächst das folgende spieldidaktische Muster:

A) Spiele mit motorischer Regelmäßigkeit
(z. B. Gummitwist, Ballprobe, Hinkelkästchen)
Beweggrund:
Faszination des *Zuspielens* und der *Passung;* des *Hin und Zurück*.
Problemhorizont:
Das Spielobjekt in jeder Lage manipulieren können, sich mit dem eigenen Körper in Prozesse motorischer Regelmäßigkeit hineinfinden. Bewegungen immer treffender präzisieren können.

B) Lauf-, Such- und Fangspiele
(z. B. *Komm mit – Lauf weg,* Brennball, *Böser Wolf*)
Beweggrund:
Spannung zwischen Gefahr und Rettung des *Rollenwechsels*. Vom Jäger zum Gejagten, vom Abschläger zum Abschlagenden, vom Sucher zum Versteckten.
Problemhorizont:
Den richtigen Zeitpunkt für den Einsatz finden. Sich in das Kräftespiel einer Mannschaft hineinfühlen.

C) Kampfspiele
(z. B. Ringspiele, Raufspiele)
Beweggrund:
Erlebnis und Spannung der *Kind-gegen-Kind-Situation*. Die eigene Kraft und die des Gegners herausfinden.
Problemhorizont:
Den richtigen Zeitpunkt für den Krafteinsatz finden, Kraft einteilen, sich in das Kräftespiel einer Mannschaft hineinfühlen, Finten ins Spiel bringen, Finten des Gegners erkennen, Spielmoral entwickeln.

D) Parteiliche Tor- und Punktespiele
(z. B. Fußball, Handball, Basketball, Volleyball)
Beweggrund:
Reiz des *Ausspielens;* Variantenreichtum im Aufbau motorischer Kommunikation. Dem Gegner zuvorkommen. (vgl. u. a. Lange & Sinning 2009)
Problemhorizont:
Spielobjekte manipulieren können. Spielzüge eröffnen und mit vollziehen können. Strategisches Handeln. Regeln absprechen, sich an Regeln halten, Regeln nutzen und verändern.

E) Darstellungs- und Rollenspiele
(z. B. Pantomime, Zirkus, Puppenspiel)
Beweggrund:
Lust am *Sich-Verwandeln* entdecken. In andere Rollen schlüpfen.
Problemhorizont:
Stimmungen, Vorstellungen und Lagen in Bewegung umsetzen und ausdrücken. Bewegungen gestalten. Gestaltungseffekte ab- und besprechen.

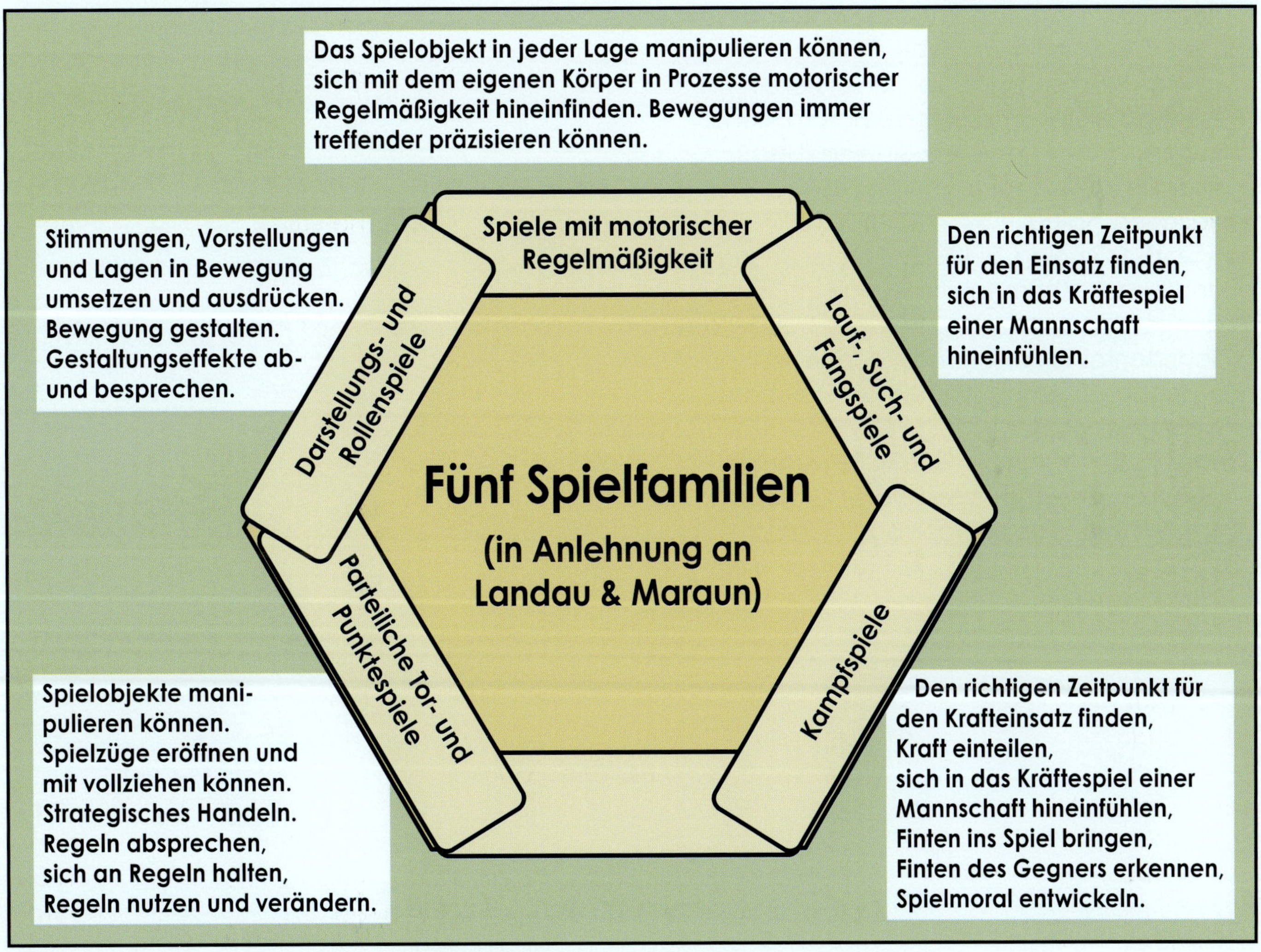

Abb. 2: Problemhorizonte der fünf Spielfamilien

Literatur

Buytendijk, F. J. J. (1970). Das Spielerische und der Spieler. In ADL (Hrsg.), *Spiel und Wetteifer* (S. 9–25). Schorndorf: Hofmann.

Dietrich, K. (1980). Spielen. *Sportpädagogik,* 4 (1), S. 13–20.

Landau, G. & Maraun H.-K. (1993). Spielen lernen – genetisch lehren. Gedanken zur Wiederbelebung der Kleinen Spiele. In R. Prohl (Hrsg.), *Facetten der Sportpädagogik* (S. 74–81). Schorndorf: Hofmann.

Lange, H. & Sinning, S. (2009). Bewegungsspiele – Kleine Spiele. Spiele verstehen, systematisieren und erfinderisch spielen können. In H. Lange & S. Sinning (Hrsg.). *Handbuch Sportdidaktik.* (S. 340–358). Balingen: Spitta.

Lange, H. & Sinning, S. (2012). Spielen lehren und lernen. Themenkonstitution im Bewegungs- und Sportspielunterricht. Band 4 der Schriftenreihe Forschungs- und Lehrzusammenhang Themenkonstitution. Baltmannsweiler: Schneider.

Lange, H. & Wagner, A. (2003). Bewegung als Spiel – Bewegungsspiele. In G. Köppe & J. Schwier (Hrsg.): *Handbuch Grundschulsport.* (S. 315–333). Baltmannsweiler: Schneider.

1 Bankrennen/Bankkanufahrt

1. Klasse	
2. Klasse	••
3. Klasse	•••
4. Klasse	•••

Fähigkeit	
Kraft	••
Ausdauer	••
Gleichgewicht	••
Geschicklichkeit	•••
Kooperation	•••

Ort	
Sporthalle	•
Sportplatz	
Gelände	
Sonstiges	

» 2 Langbänke werden umgekehrt auf 2–3 Rollbretter gestellt.
» Die Bänke werden parallel nebeneinander gestellt.
» Jeder Spieler (3 Mitspieler pro Bank) erhält einen Stab (Hockeyschläger o. Ä.).
» Die Strecke verläuft entlang einer gekennzeichneten Strecke durch die Sporthalle (Kennzeichnung durch Hütchen).

Jedes Team setzt sich auf eine Langbank und versucht so schnell wie möglich die Strecke zu bewältigen, indem es sich mit den Stäben kontrolliert vom Hallenboden abstößt und somit fortbewegt. Das Team, das zuerst das Ende der verabredeten Wegstecke bewältigt hat, hat gewonnen.

Es ist nach mehrmaligem Üben auch möglich, in die Strecke Kurven einzubauen, um die Schwierigkeit zu erhöhen.

Es ist bei diesem Spiel wichtig, dass sich alle Teilnehmer gleichzeitig mit dem Stab abstoßen, um möglichst schnell voranzukommen. Es ist als sinnvoll zu erachten, einen Mitspieler pro Team auszuwählen, der den gemeinsamen Takt vorgibt. Eine gute Kommunikation und Kooperation ist somit unabdingbar bei der Bewältigung der Spieldurchführung

2 Berliner Mauer

1. Klasse	
2. Klasse	
3. Klasse	••
4. Klasse	•••

Kraft	•
Ausdauer	••
Gleichgewicht	•
Geschicklichkeit	••
Kooperation	••

Sporthalle	•
Sportplatz	•
Gelände	•
Sonstiges	•

» Gymnastikball
» Wand
» Begrenzungsmarkierungen

Der Lehrer muss die Abgrenzungen für das Spielfeld an der Wand festlegen. Es werden Außenbegrenzungen und Begrenzungslinien nach vorne und hinten benötigt (Kennzeichnung z. B. durch Hütchen). Zwei ausgeglichene Mannschaften werden gebildet. Die Mannschaften legen dann selbstständig eine Reihenfolge fest, nach der geworfen bzw. gefangen wird. Diese Reihenfolge wird das gesamte Spiel über beibehalten.

Die Mannschaften stellen sich in dem vom Lehrer abgesteckten Bereich auf. Der erste Spieler der Mannschaft 1 wirft den Ball gegen die Mauer/Wand. Spieler Nummer 1 von der gegnerischen Mannschaft probiert den Ball zu fangen, bevor dieser den Boden berührt. Fängt ein Spieler den Ball nicht rechtzeitig, scheidet dieser aus. Das Spiel ist beendet, wenn nur noch ein Spieler übrig ist.

Als Variation kann man auch einen Bereich an der Mauer/Wand markieren, in den der Ball geworfen werden muss. Außerdem können die Mannschaftsgröße und das Spielfeld variiert werden. Erschwerte Bedingungen, wie zum Beispiel nur mit der linken bzw. rechten Hand werfen zu dürfen, sind auch denkbar.

Bei häufiger auftretenden Streitigkeiten kann über die Installation eines Schiedsrichters nachgedacht werden. Um Verletzungen zu vermeiden, sollte ein adäquater, nicht zu harter Ball für dieses Spiel benutzt werden.

3 Fuchsschwanz

Klasse	
1. Klasse	•
2. Klasse	•••
3. Klasse	•••
4. Klasse	•••

Fähigkeit	
Kraft	•
Schnelligkeit	••
Ausdauer	•••
Gleichgewicht	
Geschicklichkeit	••
Kooperation	•

Ort	
Sporthalle	•
Sportplatz	•
Gelände	•
Sonstiges	

» Seil
» Sandsäckchen
Das Sandsäckchen wird an das eine Ende des Seils geknotet. Hat man kein Sandsäckchen zur Verfügung, genügt es auch, einen dicken Knoten in ein Ende des Seils zu knoten.

Ein Kind steht in der Mitte eines gedachten Kreises, in dem sich die anderen Spielteilnehmer anordnen. Dieses Kind hält das Seil am freien Ende fest. Es dreht sich um sich selbst, sodass das Seil im Kreis um es herum schwingt. Das Säckchen sollte dabei über den Boden schleifen.

Immer wenn das Seil nun an den Kinder vorbeischwingt, müssen diese versuchen darüber zu hüpfen. Bleibt ein Kind am Seil hängen, löst es den „Seilschwinger“ ab.

Mit der Zeit kann das Seil etwas höher geschwungen werden, sodass das Säckchen vom Boden abhebt, und die umstehenden Kinder höher springen müssen.

4 Marionettentanz

1. Klasse	
2. Klasse	
3. Klasse	••
4. Klasse	•••

Kraft	
Schnelligkeit	•
Ausdauer	•
Gleichgewicht	•
Geschicklichkeit	••
Kooperation	•••

Sporthalle	•
Sportplatz	•
Gelände	•
Sonstiges	

» Alle Mitspieler bilden einen Sitzkreis. Hierbei sind alle Mitspieler die Marionetten.
» Zwei Marionettenspieler werden bestimmt, die sich außerhalb des Kreises befinden.
» Es wird Musik benötigt.

Der Start des Spiels wird gekennzeichnet durch das Starten der Musik. Nun laufen die Marionettenspieler von einem Spieler zum nächsten und bringen ein Körperteil im Takt der Musik in Bewegung. Die Marionetten müssen diese Bewegung weiter ausführen. Wenn alle Marionetten eine Bewegung ausführen, geht es in die nächste Runde: Die Marionettenspieler gehen ein zweites Mal herum und suchen sich ein anderes Körperteil aus, das weiter bewegt werden muss.

So geht es immer weiter. Mit jeder Runde wird ein weiteres Körperteil der Marionetten im Takt der Musik in Bewegung versetzt.

Das Spielende ist dann erreicht, wenn keine weiteren Körperteile mehr bewegt werden können.

Eine mögliche Variation ist hier das Verändern der Ausgangsposition: Anstatt sich in einen Kreis zu setzen, könnten sich die Marionetten auch in einen Kreis stellen.

Eine weitere Möglichkeit ist das Verändern der Hintergrundmusik, sodass der Takt entsprechend schneller oder langsamer wird, womit die Bewegungen in einem anderen Tempo ausgeführt werden müssen.

Zu beachten ist bei diesem Spiel, dass man am besten mit einer etwas langsameren Musik beginnt, damit sich die Kinder an den Ablauf gewöhnen und leichter in den Takt hineinfinden können. Im Laufe des Spiels kann man dann die Schnelligkeit der Musik variieren. So wird auch gewährleistet, dass die Kinder am Anfang alle die Möglichkeit haben, den Takt zu halten.

5 Reifenwettkampf

Klasse	
1. Klasse	
2. Klasse	
3. Klasse	•••
4. Klasse	•••

Fähigkeit	
Kraft	•
Schnelligkeit	••
Ausdauer	••
Gleichgewicht	••
Geschicklichkeit	•••
Kooperation	•

Ort	
Sporthalle	•
Sportplatz	•
Gelände	
Sonstiges	

» 2 Teams werden gebildet.
» Jeder Mitspieler hat einen Hula-Hoop-Reifen.

Beide Teams stehen hinter einer Linie jeweils in einer Reihe hintereinander. Ca. 5 m von der Startlinie entfernt wird ein Hütchen aufgestellt (gleiche Entfernung für beide Teams). Der Erste im Team beginnt und muss den Hula-Hoop-Reifen um seinen Körper schwingen lassen, bis er das Hütchen erreicht hat. Sobald er am Hütchen angekommen ist, darf er den Reifen um das Hütchen legen und der nächste Spieler startet. Gewinner ist das Team, das zuerst alle Reifen erfolgreich zum Zielhütchen transportiert hat.

Die Anzahl der bereitgestellten Reifen pro Gruppe kann erhöht werden. Somit kann zum einen die Rundenanzahl erhöht werden. Zum anderen kann damit (für die Mitspieler, die dies bewältigen können) die Möglichkeit eröffnet werden, mehrere Hula-Hoop-Reifen gleichzeitig zu transportieren.

Wichtig ist, dass wirklich nur dann gelaufen werden darf, während der Hula-Hoop-Reifen auch richtig geschwungen wird. Die Voraussetzung zur Durchführung des Spiels ist somit die Sicherheit beim Hula-Hoop-Schwingen bei allen Teilnehmern. Lässt ein Mitspieler einen Reifen fallen, muss er wieder am Start beginnen.

6 Springen durch Gymnastikreifen

Klasse	
1. Klasse	•
2. Klasse	••
3. Klasse	•••
4. Klasse	•••

Fähigkeit	
Kraft	•••
Schnelligkeit	•
Ausdauer	
Gleichgewicht	•
Geschicklichkeit	••
Kooperation	

Ort	
Sporthalle	•
Sportplatz	•
Gelände	
Sonstiges	

Durchführung sowohl paarweise als auch in Gruppen möglich. Man benötigt für diese Übung 4–5 Gymnastikreifen.

Die Gymnastikreifen werden in einer Kreisform auf den Boden gelegt. Jedes Kind stellt sich in einen Reifen. Aufgabe ist es, so rhythmisiert wie möglich alle Reifen zu durchspringen.

Es können schwierigere Formen mit den Reifen gelegt werden oder der Abstand der Reifen kann vergrößert (verringert) werden.

Die Abstände der einzelnen Reifen müssen der Sprungkraft der Kinder angemessen sein. Auch müssen die Kinder darauf hingewiesen werden, möglichst nicht auf den Rand der Reifen zu springen, da diese sonst wegrutschen könnten. Das Tragen von festen Turnschuhen ist für die Durchführung des Spiels Pflicht.

7 Wettwanderballspiel

Klasse	
1. Klasse	
2. Klasse	••
3. Klasse	•••
4. Klasse	•••

Fähigkeit	
Kraft	•
Schnelligkeit	•
Ausdauer	••
Gleichgewicht	•
Geschicklichkeit	•••
Kooperation	•••

Ort	
Sporthalle	•
Sportplatz	•
Gelände	•
Sonstiges	•

Spielerzahl: 6–10
Spielgerät: Hohl- oder Volleyball
Aufstellung: Kreis, Reihe

Hier kommt es vor allem auf schnelles und sicheres Passen und Fangen an. Der Ball kann mit allen Wurfarten (Schlagwurf, Druckwurf), mit allen Stoßarten (Innenseite und Außenseite des Fußes) oder durch Pritschen weiterbefördert werden.

Der Wettbewerb kann auf zwei Arten ausgeführt werden: Die Mitglieder von zwei oder drei Mannschaften stehen abwechselnd auf derselben Kreisbahn oder jede Mannschaft bildet eine eigene Formation. Hier muss allerdings durch Markierungen gewährleistet sein, dass die Streckenverhältnisse gleich sind.

Im Gegensatz zu Staffeln, bei denen die Spieler den Ball im Lauf oder Sprung transportieren und ihre Positionen verändern, bleiben bei den Wettwanderspielen die Spieler vorwiegend am Ort und spielen den Ball auf verschiedene Weise zum Partner. Es kommt darauf an, den Ball genau zu passen und sicher zu fangen, so kann die Wertung nach der Anzahl der Fehlpässe oder zu Boden gefallener Bälle erfolgen. Meistens wird die schnellste Durchführung als Bewertungsgrundlage herangezogen. Bei einer Kombination von Schnelligkeits- und Ausführungsbewertung kann für jeden Fehlpass ein Strafpunkt oder eine Sekundenstrafe aufaddiert werden. Es gibt auch zahlreiche Formen, bei denen vor dem Spielen des Balls ein Lauf eingeschaltet wird. Ziel ist es dabei, Bewegungen durch regelmäßige Wiederholung immer treffender präzisieren können.

Mehrere Mannschaften bilden jeweils beispielsweise einen Kreis. Auf ein Zeichen wird der Ball von Spieler zu Spieler befördert, bis er wieder am Ausgangspunkt angelangt ist. Spannend wird das Spiel, wenn der Ball drei- oder fünfmal den Kreis durchlaufen muss. Sieger ist die Mannschaft, die den Ball zuerst wieder zum Ausgangspunkt bringt.

Das gleiche kann auch mit zwei Bällen in jeder Mannschaft gespielt werden.

Wettwanderballformen mit Lauf: Bei diesen Formen wird der Ball wie bei den Formen ohne Lauf von Spieler zu Spieler gereicht, muss aber, nachdem er die Gruppe durchwandert hat, wieder nach vorn gebracht werden. Die einfachen Wettwanderballformen ohne Lauf können dadurch erweitert werden, dass jeweils der Letzte nach Annehmen des Balls nach vorn läuft und den Ball dem Gruppenersten wieder zum Transport überreicht. Beispielsweise „Ball über Kopf“: Der Ball wird vom ersten über Kopf nach hinten weitergereicht. Der Letzte fasst den Ball, läuft wieder nach vorn oder kriecht durch die gegrätschten Beine der Gruppenmitglieder nach vorn. Dort reicht er selbst den Ball zur Weitergabe an den nächsten Spieler.

A) Spiele mit motorischer Regelmäßigkeit

Die Spielregeln müssen unbedingt eingehalten werden. Sie lauten wie folgt: Wurfart einhalten, keinen Spieler auslassen, gefallene Bälle werden vom Spieler, der den Fehler beging, wieder weitergespielt.

8 Schleuderball

1. Klasse	•
2. Klasse	••
3. Klasse	•••
4. Klasse	•••

Kraft	••
Schnelligkeit	••
Ausdauer	
Gleichgewicht	•
Geschicklichkeit	•••
Kooperation	•••

Sporthalle	•
Sportplatz	•
Gelände	•
Sonstiges	

» Schwungtuch
» Bilden von zwei Mannschaften gleicher Größe
» Ein bis fünf Bälle

Jede Mannschaft steht verteilt um jeweils eine Hälfte des Schwungtuches. Das Schwungtuch wird mit beiden Händen von allen festgehalten. Wenn das Tuch von den Spielern auf Spannung gehalten wird, wird ein Ball auf das Tuch gelegt. Durch Schütteln des Tuches versucht die eine Mannschaft, den Ball über die Köpfe der gegenüberliegenden Mannschaft aus dem Tuch zu schleudern. Dann erhält die Mannschaft, die dies geschafft hat, einen Punkt und der Ball wird von Neuem ins Tuch geworfen. Die Mannschaft, die zuerst sieben Punkte hat, hat gewonnen.

Statt einem Ball kann man auch zwei oder mehrere Bälle auf das Tuch werfen, was das Spiel spannender macht und die Reaktion der Kinder fördert.

Der Ball darf nicht mit den Händen zurückgeschlagen werden, das heißt, die Hände sollen während des gesamten Spiels am Tuch bleiben.

9 Briefhopse

1. Klasse	
2. Klasse	••
3. Klasse	•••
4. Klasse	•••

Kraft	••
Schnelligkeit	••
Ausdauer	•
Gleichgewicht	•••
Geschicklichkeit	•••
Kooperation	

Sporthalle	
Sportplatz	
Gelände	•
Sonstiges	•

» Der Brief und die übrigen Kästen werden mit den entsprechenden Zahlen aufgemalt.

Als erstes hüpft ein Spieler mit beiden Beinen vom Kasten mit der Nummer 1 über die fortlaufenden Zahlen bis zu jenem mit der Nummer 9 und zurück.

Nun muss der Spieler – auf dem rechten Bein hüpfend – von Kasten 1 bis zum Kasten 4 hüpfen. Mit gegrätschten Beinen wird zeitgleich auf die Zahlen 5 und 6 gesprungen. Auf dem rechten Bein hüpfend wird auf den Kasten Nummer 7 gesprungen. Nun wird erneut mit gegrätschten Beinen auf 8 und 9 gesprungen. Jetzt kommt ein Sprung, bei dem sich der Spieler dreht, und auf die gleiche Weise wird hüpfend zurückgesprungen. Danach wird die gleiche Abfolge hüpfend auf dem linken Bein durchgeführt. Anschließend kommt der nächste Spieler an die Reihe.

Die Sprungvariation kann auch wie folgt durchgeführt werden: Zunächst wird mit gekreuzten Beinen in die Kästen 1 bis 4 gesprungen. Bei den Zahlen 5 und 6 wird mit gegrätschten Beinen gesprungen. Auf den Kasten 7 wird mit gekreuzten Beinen gehüpft. Auf die Zahlen 8 und 9 wieder mit gegrätschten Beinen springen. Nun dreht sich der Spieler um, und die gleiche Abfolge wird zurückgehüpft.

10 Buchstaben hüpfen

1. Klasse	
2. Klasse	••
3. Klasse	•••
4. Klasse	•••

Fähigkeit	
Kraft	••
Schnelligkeit	••
Ausdauer	••
Gleichgewicht	•••
Geschicklichkeit	•••
Kooperation	

Ort	
Sporthalle	
Sportplatz	
Gelände	•
Sonstiges	•

» Kreide

Die Lehrkraft und/oder die Kinder malen insgesamt 20 Quadrate (5 x 4) mit der Seitenlänge von ca. 30 cm auf den Boden, sodass diese Quadrate zusammen ein Rechteck ergeben. In jedes Feld wird ein anderer Buchstabe gemalt. Der erste Spieler hüpft auf einem Bein auf ein Feld und muss nun einen Namen nennen, der den Buchstaben dieses Feldes als Anfangsbuchstaben hat (z. B. „A“ für „Alexander“). Dann hüpft er mit einem Bein auf ein anderes Feld und sucht zu diesem Buchstaben einen entsprechenden Namen. Dies wiederholt er so lange, bis er mit seinem Fuß eine Linie berührt oder ihm zu einem Buchstaben kein Name einfällt. Dann kommt der nächste Spieler an die Reihe. Die Bedenkzeit bis zum Auffinden eines Buchstabens ist auf 5 Sekunden beschränkt. Ein bereits genannter Name darf nicht wiederholt werden. Das Spiel ist zu Ende, wenn die Kinder keine Lust mehr haben.

Anstelle von Namen können auch Tiere, Berufe, Länder, Städte oder was den Kindern darüber hinaus noch an Themengebieten einfällt, gesucht werden.

11 Gehen wie ein alter Mann

Klasse	
1. Klasse	•••
2. Klasse	•••
3. Klasse	•••
4. Klasse	•••

Fähigkeit	
Kraft	
Schnelligkeit	••
Ausdauer	••
Gleichgewicht	••
Geschicklichkeit	••
Kooperation	••

Ort	
Sporthalle	•
Sportplatz	•
Gelände	•
Sonstiges	•

» Handtrommel oder Musik von einer CD

Die Lehrkraft schlägt eine Handtrommel in regelmäßigem Rhythmus oder lässt rhythmisch regelmäßige Musik abspielen. Dazu gibt die Lehrkraft Anweisungen, welche Bewegungen die Kinder im Rhythmus durchführen sollen bzw. wie sich die Kinder frei im Raum bewegen sollen.

Z. B.:

» wie ein alter Mann
» ein Wanderer mit einem schweren Rucksack
» eine junge Frau, die sich freut
» ein Kind, das barfuß über spitze Steine geht
» eine Frau mit ihrem Freund unter einem Regenschirm
» ein junger Mann, der mit einem Partner eine Leiter trägt
» ein Supersportler, der mit einem Anfänger Tischtennis spielt usw.

Die Übung kann auch paarweise – mit oder ohne „echtem" Zubehör gespielt werden, z. B.:

» sich paarweise einen Ball oder ein Reissäckchen zuwerfen
» paarweise miteinander tanzen
» paarweise einander nachlaufen
» paarweise einen Stuhl tragen usw.

Das rhythmisierte Durchführen der Bewegungen erleichtert häufig – insbesondere ungeübten und bewegungsgehemmten Kindern – die Umsetzung der Aufgabenstellungen und gleichzeitig findet ein spielerisches Hineinfinden in die motorische Bewegungsregelmäßigkeit statt.

12 Himmel und Erde

1. Klasse	
2. Klasse	••
3. Klasse	•••
4. Klasse	•••

Kraft	••
Schnelligkeit	•
Ausdauer	••
Gleichgewicht	•••
Geschicklichkeit	•••
Kooperation	

Sporthalle	
Sportplatz	
Gelände	
Sonstiges	•

» Das unten abgebildete Spielfeld wird mit Kreide aufgezeichnet.

Die Felder werden der Reihe nach von der Erde bis in den Himmel angesprungen, wobei keiner in der Hölle landen darf. In den breiten Spielfeldern landet man mit beiden Beinen, während man in den unterteilten Feldern mit gegrätschten Beinen landet. Ein Durchgang sieht so aus, dass man von der Erde bis zum Himmel hüpft, sich dort kurz ausruht, umdreht und zur Erde zurück hüpft. Beim fehlerfreien Hüpfen kommt dann der nächste Spieler dran. In der nächsten Runde wird dann auf dem rechten Bein gehüpft, dann mit dem linken, dann rückwärts und zum Schluss mit verbundenen Augen. Bei einem Fehler muss man in der nächsten Runde seine eigene Runde wiederholen. Wer alle Runden fehlerfrei absolviert hat, darf in eines der Felder seinen Namen schreiben. Dieses Feld darf dann nur noch von dem Besitzer angesprungen werden.

13 Hohe und tiefe Töne

1. Klasse	••
2. Klasse	•••
3. Klasse	•••
4. Klasse	•••

Kraft	•
Schnelligkeit	•
Ausdauer	•
Gleichgewicht	••
Geschicklichkeit	•
Kooperation	

Sporthalle	•
Sportplatz	
Gelände	
Sonstiges	•

» Flöte oder Xylophon

Die Kinder gehen frei im Raum umher. Die Lehrkraft spielt auf dem Xylophon oder auf der Flöte in einem regelässigen Rhythmus verschiedene hohe und tiefe Töne. Die Höhe der Töne soll von den Kindern mit Bewegungen ausgedrückt werden. Bei hohen Tönen strecken sie sich und bei tiefen Tönen gehen sie in die Hocke und ducken sich.

Es werden zwei Gruppen gebildet, deren Bewegungen durch ein helles und ein dunkles Instrument bestimmt werden. Beim Klang des hellen Instruments tanzt die „helle“ Gruppe, beim Klang des dunklen Instruments tanzt die „dunkle“ Gruppe.

14 Rätseltorte

1. Klasse	
2. Klasse	•
3. Klasse	••
4. Klasse	•••

Fähigkeit	
Kraft	••
Schnelligkeit	•
Ausdauer	••
Gleichgewicht	•••
Geschicklichkeit	•••
Kooperation	

Ort	
Sporthalle	
Sportplatz	
Gelände	•
Sonstiges	•

» Stock oder Kreide
» kleiner Stein

Bevor das Rätseln und Hüpfen beginnt, zeichnen die Kinder und/oder die Lehrkraft eine große Torte (ein großer Kreis, der in ca. acht gleichgroße „Tortenstücke" untergliedert ist). In die einzelnen Stücke werden Oberbegriffe geschrieben (wie z. B. Städte, Bäume, Obst, Autos, Tiere, Berufe, Länder, Blumen o. Ä.). Bevor der erste Spieler hüpft, machen alle Spieler gemeinsam einen Anfangsbuchstaben aus, z. B. „B". Der Stein wird in eines der Felder geworfen. Ehe der Spieler nachhüpft, nennt er drei Wörter, die zu dem entsprechenden Tortenstück gehören. Beim Feld „Obst" z. B. Birne, Banane, Blaubeere. Dann wird der Stein ins nächste Feld geworfen und der Spieler hüpft ihm wiederum entsprechend nach. Auch auf jenem Feld müssen wieder drei Wörter, die mit dem entsprechenden Buchstaben beginnen, genannt werden.

In den nächsten Runden können die Spieler die Anzahl der zu nennenden Wörter erhöhen.

15 Schwungtuch-Ball

Klasse	
1. Klasse	•
2. Klasse	••
3. Klasse	•••
4. Klasse	•••

Fähigkeit	
Kraft	
Schnelligkeit	
Ausdauer	••
Gleichgewicht	
Geschicklichkeit	••
Kooperation	•••

Ort	
Sporthalle	•
Sportplatz	•
Gelände	
Sonstiges	

» Schwungtuch/Fallschirm
» leichter Ball (z. B. Wasserball)

Alle Teilnehmer stehen im Kreis am Rand des Schwungtuches und halten es dort fest. Das Schwungtuch wird gespannt, sodass es parallel zum Boden gehalten wird. Obenauf wird ein leichter Ball gelegt, z. B. ein Wasserball. Nun müssen die Teilnehmer gemeinsam und gleichzeitig das Schwungtuch nach oben und nach unten bewegen, sodass der Ball nach oben geworfen wird.

Die Bewegung kann und sollte – insbesondere bei ungeübten Gruppen – vorher auch schon ohne Ball geübt werden.

16 Seilfangen

Klasse	
1. Klasse	
2. Klasse	•
3. Klasse	••
4. Klasse	•••

Fähigkeit	
Kraft	
Schnelligkeit	•••
Ausdauer	
Gleichgewicht	
Geschicklichkeit	•••
Kooperation	••

Ort	
Sporthalle	•
Sportplatz	•
Gelände	•
Sonstiges	•

» langes Seil

Zwei Kinder halten ein langes Seil an den Enden fest und lassen es kreisen; dabei werden sie immer schneller. Alle anderen Mitspieler müssen unter dem Seil hindurch laufen. Wer vom Seil getroffen wird, scheidet aus. Die beiden Spieler, die am Ende übrig bleiben, dürfen anschließend das Seil schwingen.

17 Teddybär-Hüpfspiel

1. Klasse	
2. Klasse	•
3. Klasse	••
4. Klasse	•••

Kraft	••
Schnelligkeit	••
Ausdauer	•••
Gleichgewicht	•
Geschicklichkeit	••
Kooperation	••

Sporthalle	•
Sportplatz	•
Gelände	•
Sonstiges	•

» langes Seil

Zwei Kinder fassen das Seil jeweils an einem Ende und lassen es im hohen Bogen schwingen. Sie sprechen dazu:
„Teddybär, Teddybär, dreh dich um,
Teddybär, Teddybär mach dich krumm,
Teddybär, Teddybär zeig dein Schuh,
Teddybär, Teddybär, wie alt bist du?“

Die anderen Kinder hüpfen der Reihenfolge nach über das Seil und bewegen sich den Vorgaben des Verses entsprechend. Bei der Frage nach dem Alter zählt das springende Kind laut mit: „Eins, zwei, drei …“ und es wird gezählt, wie oft das Kind es schafft, durch das schwingende Seil zu springen.

Dieses Spiel lässt sich ebenso mit dem Vers:
„Verliebt, verlobt, verheiratet, geschieden, wie viel Kinder wirst du kriegen: eins, zwei, drei, etc.“ spielen und begleiten.

19 Wechselspiel im Schwungtuch

Klasse	
1. Klasse	••
2. Klasse	•••
3. Klasse	•••
4. Klasse	•••

Fähigkeit	
Kraft	
Schnelligkeit	••
Ausdauer	
Gleichgewicht	
Geschicklichkeit	••
Kooperation	•••

Ort	
Sporthalle	•
Sportplatz	
Gelände	
Sonstiges	

» Schwungtuch

Alle Spieler stellen sich um das Schwungtuch herum und fassen es an den Seitenrändern an.

Das Tuch wird gemeinsam in einem regelmäßigen Rhythmus von den Kindern nach oben und nach unten bewegt. Die Lehrkraft gibt in einem bestimmten Modus Anweisungen, wie z. B. „Beim nächsten Mal, wenn das Tuch oben ist, wechseln alle Kinder mit blonden Haaren unter dem Schwungtuch hindurch die Plätze (mit braunen, mit schwarzen Haaren etc.)“.

Das Spiel kann mit vielen weiteren Kennzeichen und Merkmalen durchgeführt werden:

Z. B.:
» Augenfarbe
» Farbe der (Sport-)Kleidung
» Geburtstagsmonate
» Anfangsbuchstaben der Namen

Die Kinder sollen darauf achten, aufeinander Rücksicht zu nehmen und sich unter dem Schwungtuch nicht versehentlich gegenseitig zu stoßen.

B) Lauf-, Such- und Fangspiele

1 Amöbenrennen

1. Klasse	
2. Klasse	•
3. Klasse	••
4. Klasse	•••

Kraft	
Schnelligkeit	•
Ausdauer	••
Gleichgewicht	
Geschicklichkeit	••
Kooperation	•••

Sporthalle	•
Sportplatz	•
Gelände	•
Sonstiges	

Es müssen mindestens zwei gleichstarke Gruppen (ca. 5–10 Gruppenmitglieder) gebildet werden. Eine zu bewältigende Wegstrecke muss festgelegt und durch Hütchen gekennzeichnet werden.

Die Kinder einer Gruppe stellen sich im Kreis, mit dem Rücken zur Kreismitte, auf. Sie halten sich an den Händen oder haken die Arme miteinander unter. Beim Amöbenrennen wird die Art der Fortbewegung von „Amöben“ nachgeahmt: Die Gruppen bzw. die „Amöben“ bewegen sich durch Strecken und Zusammenziehen vorwärts. Durch ein akustisches Signal wird das Rennen gestartet. Gewinner ist die Gruppe, die zuerst das Ziel erreicht, ohne auseinander zu reißen.

Die konkrete Form der Fortbewegung muss mit den Spielern verabredet werden, sodass sich alle Gruppen im Rahmen der gleichen Spielbedingungen fortbewegen können.

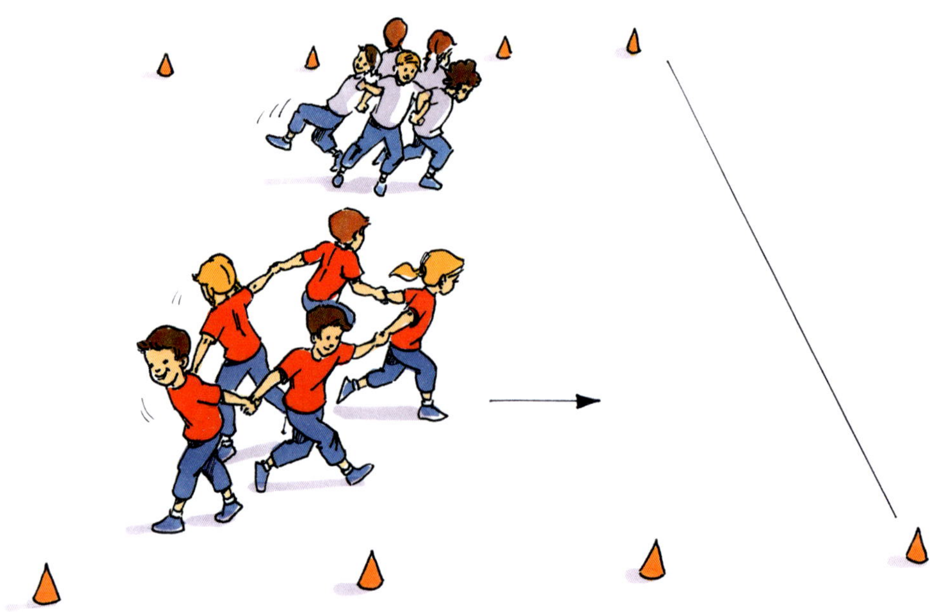

2 Blindenführer

1. Klasse	
2. Klasse	
3. Klasse	••
4. Klasse	•••

Kraft	
Schnelligkeit	
Ausdauer	
Gleichgewicht	•••
Geschicklichkeit	•••
Kooperation	•••

Sporthalle	•
Sportplatz	
Gelände	
Sonstiges	

» Unterschiedliche Hindernisse (z. B. Kästen, Sprungbretter, Bänke u. Ä.) werden im Raum verteilt.
» Es werden Paare gebildet.
» Ein Spielpartner erhält ein Band, mit dem seine Augen verbunden werden.

Der sehende Spielpartner hat nun die Aufgabe, den blinden Mitspieler durch Anweisungen und sanfte Berührungen feinfühlig und gewissenhaft über die verschiedenen Hindernisse zu führen. Nach dem Überwinden aller Hindernisse werden die „blinden" Spieler befragt, wie sicher sie sich bei der Führung durch den Mitspieler gefühlt haben.

3 British Bulldog

Klasse	
1. Klasse	
2. Klasse	
3. Klasse	••
4. Klasse	•••

Fähigkeit	
Kraft	•••
Schnelligkeit	•••
Ausdauer	•••
Gleichgewicht	•
Geschicklichkeit	
Kooperation	••

Ort	
Sporthalle	•
Sportplatz	•
Gelände	
Sonstiges	

» Für dieses Spiel braucht man nur eine Gruppe von mindestens 10 Personen und eine größere Spielfläche.

Das Spiel funktioniert prinzipiell wie „Wer hat Angst vom schwarzen Mann?", enthält jedoch folgende Abwandlung: Die Kinder müssen vom Fänger nicht nur gefangen, sondern auch hochgehoben werden. Der Fänger stellt sich auf der einen Seite des Spielfeldes auf, während sich die anderen Kinder auf der gegenüberliegenden Seite postieren. Anschließend ruft der Fänger „British" und die anderen Kinder erwidern „Bulldog". Auf dieses Kommando hin versuchen die Kinder auf die andere Spielfeldseite zu gelangen, ohne gefangen und hochgehoben zu werden.

Wird ein Kind gefangen, muss es hochgehoben werden. Ist dies der Fall, wird das Kind ebenfalls zum Fänger. Ziel des Spiels ist es, nicht gefangen zu werden. Das Kind, das als letztes gefangen und hochgehoben wird, hat gewonnen.

„Wer hat Angst vom schwarzen Mann?", oder alternativ: „Wer hat Angst vor Dracula?"

Vor dem Spiel sollten Verhaltensregeln im Umgang miteinander vereinbart werden, um später Verletzungen und Auseinandersetzungen zu vermeiden. Zudem kann dieses Spiel lediglich mit einer weitestgehend gewichtshomogenen Gruppe durchgeführt werden.

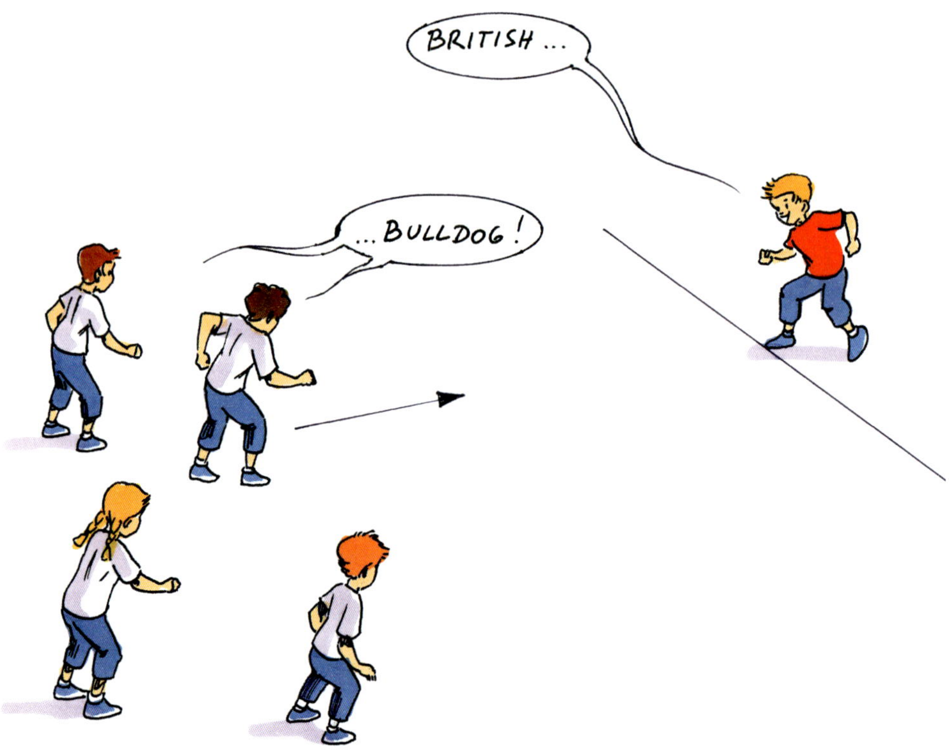

4 Diamantenjagd

1. Klasse	
2. Klasse	
3. Klasse	•
4. Klasse	••

Kraft	
Schnelligkeit	•••
Ausdauer	••
Gleichgewicht	
Geschicklichkeit	••
Kooperation	•

Sporthalle	•
Sportplatz	•
Gelände	•
Sonstiges	

- » 3 Verteidiger (Eingeborene) bzw. bei größerer Zahl von Angreifern eine doppelte Menge an Verteidigern
- » 6 Angreifer (Schatzsucher)
- » Dauer 2 Minuten
- » Schätze, die sich unter den ca. 20 Markierungskegeln befinden
- » Save-Box als Sammelbecken der Schätze und Neubeginn nach Abklatschen

Die Schatzsucher müssen die versteckten Diamanten innerhalb von 2 Minuten finden. Die Eingeborenen versuchen, sie durch Abklatschen daran zu hindern. Wird ein Schatzsucher gefangen, muss er zurück zur Save-Box und von vorne beginnen. Findet der Angreifer seinen Schatz, muss dieser in der Box sichergestellt werden. Sobald der Angreifer einen Schatz ergattert hat, ist er save und muss ihn in der Box unterbringen. Ziel ist es, innerhalb der vorgegebenen 2 Minuten möglichst viele Schätze zu finden und sicherzustellen.

Durch Save-Zonen in Form von Ringen kann das Spiel erweitert werden, was den Angreifern entgegenkommt.

5 Dreieckfangerl

1. Klasse	
2. Klasse	•
3. Klasse	••
4. Klasse	•••

Kraft	
Schnelligkeit	•••
Ausdauer	••
Gleichgewicht	
Geschicklichkeit	•••
Kooperation	•••

Sporthalle	•
Sportplatz	•
Gelände	•
Sonstiges	

Kein Material nötig.

» Drei Spieler fassen sich an den Händen mit dem Gesicht zur Mitte.
» Einer davon ist die Zielscheibe.
» Der vierte Spieler, der Schütze, muss versuchen, die Zielscheibe mit der Hand zu treffen.
» Die Spieler im Dreieck versuchen, ihn durch geschicktes Ausweichen daran zu hindern.
» Der Schütze darf sich nicht über den Kreis beugen. Es genügt nicht Hände oder Arme zu erwischen, der Schütze muss die Zielscheibe voll auf den Rücken treffen.

» Mehr Mitspieler im Kreis und dementsprechend mehr Fänger
» Vergrößerung oder Verkleinerung des Spielbereichs
» Schütze ist „Rechtshänder", darf also nur mit der rechten Hand fangen

» Die Kinder dürfen die Zielscheibe nicht fest schlagen

6 Ebbe und Flut

Klasse	
1. Klasse	••
2. Klasse	•••
3. Klasse	•••
4. Klasse	•••

Fähigkeit	
Kraft	•
Schnelligkeit	•••
Ausdauer	••
Gleichgewicht	•
Geschicklichkeit	••
Kooperation	

Ort	
Sporthalle	•
Sportplatz	
Gelände	•
Sonstiges	

» 1 Erzähler (kann auch Schüler sein)
» Spielfeld eingrenzen
» Möglichkeiten zum Hochklettern (z. B. Tische, Stühle, Matten, Barren, Kletterwand, ...)

Der Lehrer bzw. ein Schüler beginnt, eine Geschichte vom Urlaub am Strand zu erzählen. Dabei sollten Menschen vorkommen, die verschiedene Aktivitäten am Strand ausführen. Alle Mitspieler spielen das nach, was der Erzähler sagt. Z. B.: gehen, hüpfen, laufen, Hose hochkrempeln, jemand anderen Huckepack tragen, schwimmen etc. Fällt das Wort „Ebbe", müssen sich alle Spieler flach auf den Boden legen, fällt das Wort „Flut", müssen alle Spieler schnell vom Boden wegkommen (Z. B. an der Kletterwand hochklettern, auf Tische steigen, ...) Der Spieler, der zuletzt den Boden verlässt oder zuletzt liegt, scheidet aus. Wer gewinnt, darf die Geschichte weiter erzählen oder eine neue Geschichte anfangen.

Das Spiel kann sehr wild werden. Bei unerfahrenen Spielern sollte der Spielleiter die Erzählerrolle nicht gleich weitergeben.

7 Eisbär und Pinguin

Klasse	
1. Klasse	
2. Klasse	••
3. Klasse	•••
4. Klasse	•••

Fähigkeit	
Kraft	
Schnelligkeit	••
Ausdauer	•
Gleichgewicht	
Geschicklichkeit	•
Kooperation	

Ort	
Sporthalle	•
Sportplatz	•
Gelände	•
Sonstiges	

» kein Material nötig, keine Vorbereitung nötig

» Die Teilnehmer bilden jeweils Paare und verteilen sich kniend in der Halle.
» Ein Paar bildet den Eisbären und den Pinguin.
» Der Eisbär kann sich nur mit großen schweren und trägen Schritten bewegen und brüllt.
» Der Pinguin kann sich nur mit kleinen schnellen Schritten bewegen und piepst.
» Der Eisbär versucht nun den Pinguin zu fangen.
» Der Pinguin kann sich retten, indem er sich auf eine Eisscholle (Paare verteilt in der Halle) kniet.
» Derjenige, der außen sitzt, wird dann zum Eisbären; der vorherige Eisbär wird zum Pinguin.
» Der neue Eisbär muss den Pinguin fangen.

8 Engpass-Staffel

1. Klasse	
2. Klasse	•
3. Klasse	••
4. Klasse	•••

Kraft	
Schnelligkeit	•••
Ausdauer	•
Gleichgewicht	
Geschicklichkeit	••
Kooperation	•••

Sporthalle	•
Sportplatz	
Gelände	
Sonstiges	

» Zwei einfache Hindernisbahnen werden mit verschiedenen Materialien (z. B. mit Pylonen, kleinen Kästen und Reifen) aufgebaut. Ein gemeinsamer Baustein beider Bahnen ist ein Engpassbereich (z. B. ein Barren).
» Zwei Gruppen gleicher Stärke werden gebildet.

Die beiden Gruppen überwinden die Hindernisse mit Handfassung so schnell wie möglich, ohne dass konditionell schwächere Kinder benachteiligt werden. Es muss somit ein für alle Mannschaftsmitglieder geeigneter Konsens für die Schnelligkeit und den Rhythmus des gemeinsamen Laufens gefunden werden. Zudem erhält an der Stelle des Engpasses die Mannschaft den Vortritt, die diesen zuerst erreicht hat.

9 Fischer, Fischer, welche Fahne weht heute?

1. Klasse	••
2. Klasse	•••
3. Klasse	•••
4. Klasse	•••

Kraft	
Schnelligkeit	•••
Ausdauer	••
Gleichgewicht	
Geschicklichkeit	•
Kooperation	

Sporthalle	•
Sportplatz	•
Gelände	•
Sonstiges	

» Spielfeld mit Start- und Ziellinie
» 1 Fänger/Fischer

Es wird eine Start- und eine Ziellinie festgelegt (Beispiel: Enden einer Turnhalle). Alle Kinder stellen sich nebeneinander auf die Startlinie. Ein Kind spielt den Fischer/Fänger und stellt sich an die Ziellinie. Alle Kinder an der Startlinie rufen: „Fischer, Fischer, welche Fahne weht heute?“ Daraufhin antwortet der Fischer beispielsweise „blau!“ Jetzt starten alle Kinder auf der Startlinie in Richtung Ziel und der Fischer Richtung Startlinie. Das Ziel des Fischers ist nun, so viele Kinder wie möglich zu fangen, die die genannte Farbe in ihrer Kleidung am Körper tragen. Alle anderen Kinder ohne diese Farbe in der Kleidung können in Ruhe auf die andere Seite gehen. Sind alle Kinder im Ziel, ist die erste Runde beendet. In der nächsten Runde gehen alle gefangenen Kinder mit dem Fischer an die Startlinie, die restlichen Kinder stehen an der Ziellinie. Jetzt beginnt das Spiel von vorne und alle zuvor gefangenen Kinder sind Fischer. Das Spiel wiederholt sich solange, bis das letzte Kind gefangen wurde. Das letzte Kind ist der Gewinner und darf als nächstes der neue Fischer sein.

Fischer, Fischer, wie tief ist das Wasser?

Die Kinder rufen: „Fischer, Fischer, wie tief ist das Wasser?“ Der Fischer denkt sich eine Wassertiefe aus und nennt diese. Kinder rufen: „Wie kommen wir da rüber?“ Der Fischer denkt sich eine Fortbewegungsart aus (z. B. krabbeln) und antwortet: „Ihr müsst krabbeln!“ Alle Kinder, auch der Fischer bewegen sich nun in dieser Art fort.

(Weitere Fortbewegungsmöglichkeiten: kriechen, laufen, springen, rennen, robben, hüpfen, auf einem Bein hüpfen, rückwärts gehen, …)

10 Fuchs jagt Mäuse

1. Klasse	•••
2. Klasse	•••
3. Klasse	••
4. Klasse	•

Kraft	
Schnelligkeit	•••
Ausdauer	••
Gleichgewicht	
Geschicklichkeit	••
Kooperation	

Sporthalle	•
Sportplatz	•
Gelände (mit Bäumen als Freimal)	•
Sonstiges	

Verschiedene Materialien (z. B.: kleine Kästen, Kastenoberteile, Teppichfliesen etc.) werden im Raum verteilt, sodass genügend Freimale vorhanden sind. Ein Fänger wird bestimmt.

Der Fänger agiert als Fuchs und die übrigen Spieler als Mäuse. Die Mäuse können sich auf Freimalen retten – z. B. durch Klettern auf das imaginäre Dach (die Kästen) oder durch das Verstecken im Keller (auf eine Teppichfliese stellen) – und dürfen den Boden dabei nicht mehr berühren. Der Fuchs versucht die Mäuse zu fangen. Die Jagd beginnt mit der Ansage „Der Fuchs kommt" durch die Lehrkraft. Jene Maus, die gefangen wurde, agiert in der nächsten Runde als Fuchs.

» Die Freimale können variiert werden (z. B.: Reifen als Brunnen oder hoher Kasten als Kirchturm).
» Es können mehrere Füchse eingesetzt werden.
» Freimale können nach und nach entfernt werden.

Auf eine der Gruppengröße angemessene Anzahl von Freimalen sollte geachtet werden.

11 Haifangen

Klasse	
1. Klasse	••
2. Klasse	•••
3. Klasse	•••
4. Klasse	•••

Fähigkeit	
Kraft	
Schnelligkeit	•••
Ausdauer	•••
Gleichgewicht	
Geschicklichkeit	••
Kooperation	••

Ort	
Sporthalle	•
Sportplatz	
Gelände	
Sonstiges	

» 2 Matten liegen in der Mitte der Sporthalle.
» 2 „Haie" sitzen auf den Matten.

Alle Spieler außer den Haien stehen auf einer Seite der Halle an der Wand. Auf ein akustisches Signal des Spielleiters hin, laufen alle Spieler los. Sie müssen im Vorbeilaufen eine der Matten von oben berühren, ohne von den Haien berührt zu werden, um an diesen vorbeikommen und weiterlaufen zu dürfen. Hat der Spieler die Matten berührt, darf er bis zur anderen Seite der Sporthalle weiterlaufen. Wurde ein Spieler von einem der Haie berührt, wird er selbst zum Hai, setzt sich auch auf die Matten und fängt mit.

Spielziel:
» Ziel des Spiels ist es, alle Spieler in Haie zu „verwandeln".

Der Kontakt zur Matte kann auch mit anderen Körperteilen hergestellt werden: z. B. Fuß, Po, Knie o. Ä.

12 Hühner und Geier

1. Klasse	
2. Klasse	••
3. Klasse	•••
4. Klasse	•••

Kraft	
Schnelligkeit	••
Ausdauer	••
Gleichgewicht	
Geschicklichkeit	•••
Kooperation	•••

Sporthalle	•
Sportplatz	•
Gelände	
Sonstiges	

4 bis 6 Spieler bilden eine Reihe und fassen sich an den Hüften.

Der hinterste Spieler ist das Küken und wird von den Vorderen geschützt. Der Geier steht vor der Hühnerreihe. Er ist frei und versucht das Küken zu fangen und zu berühren. Gelingt dies, wird der Geier zum vordersten Huhn und das Küken zum Geier.

13 Inselspringen

1. Klasse	
2. Klasse	••
3. Klasse	•••
4. Klasse	•••

Fähigkeit	
Kraft	•
Schnelligkeit	••
Ausdauer	••
Gleichgewicht	••
Geschicklichkeit	••
Kooperation	•••

Ort	
Sporthalle	•
Sportplatz	
Gelände	
Sonstiges	

» Mehrere Gruppen à 4–6 Spieler werden gebildet.
» Jede Gruppe benötigt 2 Matten.

Jede Gruppe (4–5) besitzt zwei kleine Matten (Inseln). Die Gruppe befindet sich stehend auf einer der beiden Matten. Die zweite Matte wird davor gelegt und alle Spieler wechseln gemeinsam die „Insel". Ziel des Spiels ist es, ein festgelegtes Mal zu erreichen, ohne dass ein Gruppenmitglied die „Inseln" bei der Überquerung verlässt.

Diese Spielform kann auch als Wettbewerb durchgeführt werden.

14 Irrgarten

1. Klasse	
2. Klasse	
3. Klasse	••
4. Klasse	•••

Fähigkeit	
Kraft	
Schnelligkeit	•••
Ausdauer	••
Gleichgewicht	
Geschicklichkeit	•••
Kooperation	•••

Ort	
Sporthalle	•
Sportplatz	•
Gelände	•
Sonstiges	

» Man legt einen Fänger und einen Gejagten fest.
» Die übrigen Kinder stellen sich gleichmäßig verteilt in Reihen auf.

Der Gejagte läuft mit etwas Vorsprung vor dem Jäger los. Die Kinder bilden durch die geformten Reihen einen Irrgarten. Der Gejagte flüchtet sich in den Irrgarten und die Kinder müssen versuchen den Gejagten zu schützen, indem sie sich an den Händen fassen und dem Jäger so den Weg versperren.

Je nach Gruppengröße können mehrere Gejagte bzw. Fänger eingesetzt werden.

15 Jägerball

Klasse	
1. Klasse	••
2. Klasse	•••
3. Klasse	•••
4. Klasse	•••

Fähigkeit	
Kraft	
Schnelligkeit	•••
Ausdauer	••
Gleichgewicht	
Geschicklichkeit	•••
Kooperation	

Ort	
Sporthalle	•
Sportplatz	•
Gelände	
Sonstiges	

Der Lehrer legt ein begrenztes Spielfeld fest, z. B. das Volleyballfeld in der Halle oder ein mit Hütchen abgegrenztes Feld auf dem Sportplatz.

Der Lehrer legt einige Schaumstoffbälle am Spielfeldrand bereit.

Ein Kind ist der Jäger und bekommt einen großen Schaumstoffball. Die anderen Kinder sind die Hasen und sollen vom Jäger „abgeschossen" werden. Wer getroffen ist, wird zum Jäger und der Jäger zum Hasen.

- Es gibt mehrere Jäger und Bälle je nach Gruppengröße. Getroffene Hasen setzen sich in die Hocke auf den Boden und können von den freien Hasen durch Abklatschen erlöst werden. Schaffen es die Jäger, alle Hasen „ins Nest" zu bringen?
- Getroffene Hasen werden zu Helfern des Jägers und bekommen auch einen Ball. Welcher Hase überlebt am längsten?

Es muss darauf geachtet werden, dass sich Kinder nicht nur in die Ecke stellen und darauf warten, dass sie der Jäger abwirft. Gegebenenfalls müssen mehrere Bälle eingesetzt werden.

Die Bälle müssen weich sein, und die Kinder dürfen nicht auf den Kopf ihrer Mitspieler zielen.

16 Katz und Maus

1. Klasse	
2. Klasse	••
3. Klasse	•••
4. Klasse	•••

Kraft	
Schnelligkeit	•••
Ausdauer	••
Gleichgewicht	
Geschicklichkeit	••
Kooperation	•••

Sporthalle	•
Sportplatz	
Gelände	
Sonstiges	

Die Kinder sind „Mäuse"; ein Kind wird zur „Katze" bestimmt.
Zudem wird ein Spieler – ohne Wissen der „Katze" – zur „Schwachen Maus" bestimmt.

Die Katze begibt sich auf Mäusefang. Gefangene Mäuse scheiden aus. Die Mäuse gewinnen das Spiel, wenn die „Schwache Maus" als letztes gefangen wird. Die Mäuse versuchen dabei die Katze möglichst unauffällig, durch eigenes Opfern, von der „Schwachen Maus" abzulenken.

17 Kegel klauen

1. Klasse	
2. Klasse	
3. Klasse	••
4. Klasse	•••

Fähigkeit	
Kraft	
Schnelligkeit	•••
Ausdauer	••
Gleichgewicht	
Geschicklichkeit	•••
Kooperation	•••

Ort	
Sporthalle	•
Sportplatz	
Gelände	
Sonstiges	

» Es müssen zwei ungefähr gleich starke Teams gebildet werden.
» Benötigtes Material: 20 Kegel, 2 Reifen, 2 Bänke
» Spielfeld: Volleyballfeld (oder ein in der Größe markiertes Feld)
» Aufbau: Die Bänke werden auf die Mittellinie gestellt.
» Die Reifen werden hinter der Auslinie hingelegt. In diese werden jeweils 10 Kegel gestellt.
» Jede Mannschaft bekommt ein Feld.

Das Ziel des Spiels ist es, alle Kegel in seinem eigenen Reifen zu haben, der hinter dem eigenen Feld liegt (der linke Reifen gehört zu Team A und der rechte zu Team B). Um an die Kegel zu kommen, muss man also durch das Gegnerfeld zum anderen Reifen. Dabei versucht die Gegnermannschaft die Diebe zu fangen, wenn sie durch das Feld laufen. Man darf nicht durch das Seitenaus rennen. Wenn man hinter der Auslinie bei dem Reifen, auf den Bänken in der Mitte oder im eigenen Feld ist, kann man nicht gefangen werden. Pro Lauf darf man immer nur einen Kegel pro Person mitnehmen. Wenn man auf dem Hin- oder Rückweg gefangen wird, muss man hinter die Auslinie des gegnerischen Felds, den Kegel zurücklegen und warten, bis man von einem Mitspieler abgeklatscht wird. Ein Mitspieler kann auch mehrere Gefangene gleichzeitig befreien. Anschließend muss man zurück ins eigene Feld, allerdings ohne einen Kegel mitzunehmen. Danach kann man ganz normal weiter mitspielen. Die geklauten Kegel werden sofort in den eigenen Reifen gelegt oder gestellt. Wenn sie neben dem Reifen liegen, gehören sie automatisch der Gegnermannschaft, die sie sofort, ohne gefangen zu werden, in den eigenen Reifen bringen darf.

Wenn eine Mannschaft keine Kegel mehr hat, ist das Spiel vorbei. Man kann sich allerdings auch auf eine Spielzeit festlegen, da das Spiel bei ausgeglichenen, laufstarken Mannschaften lange dauern kann.

Um das Spiel komplizierter zu machen, kann man noch Hindernisse wie z. B. Matten oder Kästen in den Feldern aufbauen; aber Achtung: Die Verletzungsgefahr erhöht sich!

Der Lehrer sollte die Diebe immer gut beobachten, damit sie nicht zwei Kegel auf einmal klauen.

Das Fangen sollte nur ein leichtes Abklatschen sein (keine Schläge) und man darf sich nicht mit dem Kegel „den Weg frei machen". Es muss somit auf eine faire Umsetzung des Spiels geachtet werden.

Wenn das Spiel zu schnell vorbei ist, weil alle Diebe sein wollen und keiner auf die eigenen Kegel aufpasst, muss die Taktik noch mal besprochen und von vorne angefangen werden.

18 Kettenfangen

1. Klasse	••
2. Klasse	•••
3. Klasse	•••
4. Klasse	•••

Kraft	
Schnelligkeit	•••
Ausdauer	•••
Gleichgewicht	
Geschicklichkeit	••
Kooperation	••

Sporthalle	•
Sportplatz	•
Gelände	
Sonstiges	

» Ein abgegrenztes Feld wird festgelegt.
» 2 Fänger werden bestimmt, die sich an den Händen fassen und sich gemeinsam auf die Jagd nach den Mitspielern machen.

Die beiden Fänger fassen sich an den Händen und versuchen gemeinsam, einen weiteren Spieler abzuschlagen. Ist der dritte Spieler gefangen, reiht auch er sich in die Kette ein. Hat sich auf diese Weise eine Kette von vier Spielern gebildet, wird sie geteilt, sodass nun zwei Ketten auf Jagd gehen. Das Spiel endet, wenn alle Mitspieler gefangen sind.

Erst ab sechs oder neun Spielern die Ketten in gleichgroße Teile splitten, sodass die Kooperation der Fängerketten erschwert wird.

Die gejagten Mitspieler erhalten einen Ball zum Dribbeln.

19 Trefflauf-Staffel

1. Klasse	••
2. Klasse	•••
3. Klasse	•••
4. Klasse	•••

Kraft	
Schnelligkeit	•••
Ausdauer	••
Gleichgewicht	
Geschicklichkeit	••
Kooperation	••

Sporthalle	•
Sportplatz	•
Gelände	
Sonstiges	

Reifen (8–10), Weichbodenmatten, Spielfeldmarkierung durch Hütchen

Beim Staffellauf springen die Schüler in die Reifen (8–10 Reifen, gleicher Abstand). Anschließend erfolgt der Absprung auf die blaue Matte. Der Schüler springt nun durch die Reifen hindurch zurück zum Start und klatscht den nächsten Spieler ab, sodass dieser nun starten kann.

Das Spiel ist beendet, wenn alle Schüler einer Mannschaft den Parcours durchlaufen haben und somit gewonnen haben.

Reifen in Schlangenform hinlegen; 2 oder 3 Reifen nebeneinander. Nun stehen mehrere Wege zur Auswahl.

Muss der Läufer den jeweils Letzten in der wartenden Schlange abklatschen, vermeidet man das frühzeitige Loslaufen des Nächsten.

20 Qualle

1. Klasse	•
2. Klasse	••
3. Klasse	•••
4. Klasse	•••

Kraft	
Schnelligkeit	••
Ausdauer	••
Gleichgewicht	
Geschicklichkeit	••
Kooperation	

Sporthalle	•
Sportplatz	
Gelände	
Sonstiges	

» Ein Drittel einer Sporthalle
» 4 Bänke
» 3 Matten
Jeweils 2 Bänke an den Enden der Halle aneinander aufstellen. In die Mitte des Spielfeldes 3 blaue Matten nebeneinander legen.

Es gibt einen Fänger (F), der auf den Matten steht und sich frei darauf bewegen darf, und eine Qualle (Q), die auf einer Spielfeldhälfte quer im Seitgalopp hin und her pendelt. Die restlichen Schüler (S) stehen hinter den Bänken und müssen versuchen, von einer Hallenseite zur nächsten zu gelangen, ohne dabei die Q zu berühren und vom F gefangen zu werden. Auf der anderen Seite ist man, wenn man sich hinter den Bänken befindet. Wird man vom F gefangen, wird man zu einer Q auf der Spielfeldhälfte, die man nicht erreicht hat. Berührt man eine Q, wird man auch zu einer Q in der Spielfeldhälfte, in der man sie berührt hat. Das Spiel ist beendet, wenn alle S Quallen sind.

» 2 Fänger
» Fänger darf nur eine Hand benutzen
» Spielfeld verkleinern

21 Rettungsball-Fangen

1. Klasse	
2. Klasse	•
3. Klasse	••
4. Klasse	•••

Kraft	
Schnelligkeit	•••
Ausdauer	••
Gleichgewicht	
Geschicklichkeit	•
Kooperation	•••

Sporthalle	•
Sportplatz	•
Gelände	
Sonstiges	

» Je nach Gruppengröße werden 3–4 Fänger und 3–4 Befreier ausgewählt.

Es gibt Fänger, Verfolgte und Befreier. Die Fänger versuchen die Verfolgten zu erhaschen. Die Befreier sind im Besitz eines Balles, mit dem sie die Verfolgten durch Zuwurf befreien können. Die Befreier können nicht gefangen werden. Nach einer Spielrunde werden die Rollen getauscht.

22 Schlüsselkind

1. Klasse	•
2. Klasse	••
3. Klasse	•••
4. Klasse	•••

Kraft	
Schnelligkeit	•••
Ausdauer	•••
Gleichgewicht	
Geschicklichkeit	••
Kooperation	•••

Sporthalle	•
Sportplatz	•
Gelände	
Sonstiges	

Die Spielkomponenten variieren je nach Größe der Spielgruppe. Hierbei sollte die Anzahl der Fänger jeweils an die Zahl der Schlüsselkinder angeglichen sein:

» 2 Fänger
» 2 Schlüsselkinder
» 1 Wächter
» 2 (kleine) Schlüssel

Zuerst werden vom Spielleiter 2 Fänger bestimmt. Diese müssen nun den Raum verlassen und sich an einem Ort aufhalten, an dem sie nichts sehen und nichts hören können. Der Wächter begleitet die beiden Fänger und bewacht sie.

Inzwischen bestimmt der Spielleiter 2 Schlüsselkinder. Diese erhalten jeweils einen Schlüssel (o. Ä.), den sie in ihrer geschlossenen Faust aufbewahren müssen. (Achtung: Alle anderen Kinder müssen ebenfalls eine ihrer Fäuste geballt halten, damit die Schlüsselkinder möglichst unauffällig agieren und nicht zu schnell identifiziert werden können.)

Die Fänger werden nun wieder hereingerufen und beginnen, alle Spieler zu fangen, indem sie sie „abklatschen". Wurde ein Kind „erwischt", muss es sich auf den Boden setzen. Nun kommen die Schlüsselkinder zum Einsatz: Diese können die auf dem Boden sitzenden Kinder wieder befreien, indem sie an ihnen vorbei rennen und sie unauffällig an der Schulter berühren.

Die Fänger müssen versuchen, alle Spieler zu fangen, während die Schlüsselkinder versuchen, immer wieder alle zu befreien und den Spielfluss zu erhalten. Ist ein Schlüsselkind gefangen worden, so kann es vom anderen Schlüsselkind befreit werden. Sind beide Schlüsselkinder ab, geht das Spiel so lange weiter, bis alle Spieler gefangen wurden. Die Fänger müssen abschließend raten, wer die Schlüsselkinder waren.

23 Schwänzchenfangen

1. Klasse	•
2. Klasse	••
3. Klasse	•••
4. Klasse	•••

Kraft	
Schnelligkeit	•••
Ausdauer	•••
Gleichgewicht	
Geschicklichkeit	••
Kooperation	

Sporthalle	•
Sportplatz	•
Gelände	•
Sonstiges	

» Man benötigt für jedes Kind ein Springseil.
» Eventuell werden Materialen zur Abgrenzung des Spielfeldes benötigt.

» Jedes Kind erhält ein Springseil und steckt es zusammengeknotet hinten in die Hose.
» Jeder spielt gegen jeden. Man muss versuchen, so viele Schwänze wie möglich von anderen zu ergattern und dabei auf sein eigenes Springseil aufpassen.
» Sobald man ein Schwänzchen ergattert hat, kann man es sich schnell wieder in die Hose stecken und ist in diesem Moment „sicher".

» Bei einer sehr heterogenen Klasse könnte man festlegen, dass Stärkere auch Schwänzchen an Schwächere abgeben können.
» Oder man hält die gesammelten Seile in der Hand und das Spiel endet dann sobald keiner mehr ein Seil in der Hose stecken hat. Anschließend wird gezählt wer die meisten Seile ergattert hat.

» Vorsicht bei „groben" Kindern
» Je nach Variation gibt es kein „regelrechtes" Ende des Spiels.
» Da das Spiel relativ anstrengend ist, ermüden die Kinder sehr schnell.

24 Schweinetreiben

1. Klasse	•
2. Klasse	••
3. Klasse	•••
4. Klasse	•••

Kraft	••
Schnelligkeit	••
Ausdauer	••
Gleichgewicht	
Geschicklichkeit	••
Kooperation	••

Sporthalle	•
Sportplatz	
Gelände	
Sonstiges	

Folgende Materialien werden benötigt:
» Medizinbälle, Softbälle, Handbälle, Volleybälle, Gymnastikbälle usw.
» Reifen, Kästen
» ggf. Gymnastikstäbe oder Hockeyschläger
» ggf. Einteilung der Kinder in Gruppen

In der Halle liegen viele verschiedene Bälle (kleine und große). Aufgabe der Kinder ist es, die Bälle (Schweine) in ihre Ställe (mehrere Reifen, Kästchen oder Ähnliches) zu befördern. Je nach Aufgabenstellung, können die Bälle gerollt oder mit einem Stab vorwärts bewegt werden.

» Schüler entscheiden lassen, welche Schweine in welchen Stall gehören.
» Nur die kleinen Schweine dürfen in den Stall.
» Bei Einteilung der Kinder in Gruppen, wird das Spiel als Wettkampf durchgeführt.

25 Sechstagerennen

1. Klasse	
2. Klasse	••
3. Klasse	•••
4. Klasse	•••

Kraft	
Schnelligkeit	•••
Ausdauer	•••
Gleichgewicht	
Geschicklichkeit	
Kooperation	•••

Sporthalle	•
Sportplatz	•
Gelände	
Sonstiges	

» Drei oder mehr gleich große Gruppen werden gebildet.
» Für jede Gruppe werden vier Hütchen aufgestellt, die ein Viereck bilden.
» Diese Vierecke haben jeweils die gleiche Fläche.

Jedes Gruppenmitglied muss insgesamt sechs Runden um das Viereck laufen. Es läuft immer nur ein Gruppenmitglied. Jeder entscheidet selbst, ob er nur eine Runde oder mehrere laufen möchte. Wenn er von einem Gruppenmitglied abgelöst werden möchte, macht er dies rechtzeitig kenntlich (z. B. durch Arm heben, Zuruf o. Ä.). Gewinner ist diejenige Gruppe, deren Mitglieder zuerst alle Runden erlaufen haben.

Anstelle eines Vierecks können auch andere Formen (z. B. Trapez, Kreis, Vieleck, etc.) gebildet werden oder die Anzahl der zu laufenden Runden kann variiert werden.

Die Streckenlänge sollte dem Leistungsvermögen der Altersstufe angepasst werden.

26 Seerosenfangen

Klasse	
1. Klasse	••
2. Klasse	•••
3. Klasse	•••
4. Klasse	•••

Fähigkeit	
Kraft	
Schnelligkeit	•••
Ausdauer	
Gleichgewicht	
Geschicklichkeit	••
Kooperation	••

Ort	
Sporthalle	•
Sportplatz	•
Gelände	•
Sonstiges	

» Hula-Hoop-Reifen: 2 Reifen weniger als es Mitspieler gibt.

Es gibt einen Fänger (Frosch) und einen Gejagten (Wasserläufer). Alle anderen Spieler stehen auf den Seerosen (in Hula-Hoop-Reifen). Der Wasserläufer läuft weg. Wird er gefangen, wird er zum Frosch und muss den vorherigen Frosch, der nun zum Wasserläufer wird, fangen. Ein Wasserläufer kann sich retten, wenn er sich auf eine Seerose begibt. Der Mitspieler, der dort steht, muss dafür die Seerose verlassen und wird zum jagenden Frosch.

Hat man einen überlegenen Gejagten, führt man die Regel ein, dass spätestens nach 10 Sekunden ein Rollentausch stattfinden muss. Das erfolgt auf ein Signal des Übungsleiters.

27 Die Löwen sind los

1. Klasse	•••
2. Klasse	•••
3. Klasse	••
4. Klasse	•

Kraft	
Schnelligkeit	•••
Ausdauer	••
Gleichgewicht	
Geschicklichkeit	•
Kooperation	

Sporthalle	•
Sportplatz	•
Gelände	
Sonstiges	

Es werden zunächst 2 Schüler der Klasse als „Löwen" bestimmt, die sich in der Savanne (auf der einen Seite der Halle) auf allen Vieren aufhalten. Alle anderen Schüler sind Afrika-Touristen, die sich ganz nah an die Löwen heranwagen, um sie z. B. zu fotografieren oder vielleicht sogar zu streicheln.

Wenn nun der Spielleiter (Lehrkraft) laut „Die Löwen sind los" ruft, müssen sich alle Touristen so schnell wie möglich in Sicherheit bringen, indem sie, ohne von den Löwen erwischt zu werden, bis zur anderen Hallenseite rennen. Alle Schüler, die von den Löwen gefangen wurden, gehören beim nächsten Durchgang zur Gruppe der Löwen. Gespielt wird, bis nur noch 3 Touristen vorhanden sind.

Die Löwen knien sich nicht auf den Boden, sondern stehen auf zwei Beinen. So kommen die Löwen besser los und verlieren nicht so viel Zeit durch das Aufstehen.

Die Löwen dürfen beim Fangen wieder auf zwei Beinen laufen.

28 Tierfangen

Klasse	
1. Klasse	•••
2. Klasse	•••
3. Klasse	•••
4. Klasse	•••

Fähigkeit	
Kraft	
Schnelligkeit	•••
Ausdauer	••
Gleichgewicht	
Geschicklichkeit	••
Kooperation	

Ort	
Sporthalle	•
Sportplatz	•
Gelände	•
Sonstiges	

» 2–5 Fänger werden ausgewählt (variiert je nach Gruppengröße)
» Kennzeichnungsbänder für die Fänger (Sie halten das Band in der Hand, um es schneller übergeben zu können.)

Laufen die Fänger auf die Mitspieler zu, versuchen diese, sich so schnell als möglich hinzuhocken und ein Tier (möglichst leicht identifizierbare Laute) zu imitieren. Sie dürfen nun nicht mehr gefangen werden. Ein weiterer Mitspieler kann den Hockenden jetzt befreien, indem er über ihn springt und den richtigen Tiernamen dabei laut nennt.

Erhascht ein Fänger einen Mitspieler, wird dieser zum Fänger.

29 Über den Ozean

1. Klasse	
2. Klasse	••
3. Klasse	•••
4. Klasse	•••

Kraft	
Schnelligkeit	•••
Ausdauer	•••
Gleichgewicht	•
Geschicklichkeit	••
Kooperation	

Sporthalle	•
Sportplatz	
Gelände	
Sonstiges	

» 2 Bänke
» eine Weichbodenmatte
» mehrere kleine Matten, die hintereinander angeordnet werden

Die Geräte werden in der Sporthalle aufgestellt bzw. die Matten werden ausgelegt. Jeweils ein Gerät wird im vorderen, im mittleren und im hinteren Bereich der Sporthalle platziert. Jedes Gerät wird von einem Wächter bewacht. Jeder Wächter stellt sich auf das entsprechende Gerät. Alle weiteren Spielteilnehmer stellen sich an einer Hallenseite an der Wand nebeneinander auf. Einem akustischen Signal folgend, müssen diese „den Ozean" und somit auch alle Geräte bis hin zur anderen Hallenseite überqueren bzw. überspringen. Die Wächter versuchen, jeweils einen Mitspieler bei der entsprechenden Überquerung des von ihnen bewachten Gegenstands zu erhaschen. Wurde ein Mitspieler erhascht, findet sogleich ein Wechsel der Rollen statt und der ehemalige Wächter läuft mit der Gruppe zur anderen Hallenseite. Der neue Wächter „bewacht" den Gegenstand solange, bis er wiederum einen neuen Mitspieler erhascht hat. Beginnend von der anderen Hallenseite findet die „Ozeanüberquerung" – wiederum durch ein akustisches Signal eingeleitet – zur anderen Seite hin statt. Alle Wächter versuchen erneut, einen neuen Wächter zu erhaschen.

30 Wächter der Kokosnuss

1. Klasse	•
2. Klasse	••
3. Klasse	•••
4. Klasse	•••

Kraft	
Schnelligkeit	•••
Ausdauer	
Gleichgewicht	
Geschicklichkeit	•••
Kooperation	

Sporthalle	•
Sportplatz	
Gelände	
Sonstiges	

» Ein Ball oder ein Reissäckchen wird benötigt.

Eine Gruppe „Affen“ bewacht eine Kokosnuss (weicher Ball, Reissäckchen). Der „neidische Affe aus dem Baum nebenan“ möchte die Kokosnuss nun erbeuten. Die Spieler formen einen Kreis, sodass sie sich mit weit ausgestreckten Händen gerade noch berühren können. Die Kokosnuss liegt in der Mitte des Kreises. Es wird ein Wächter bestimmt, der auf die Beute aufpasst, damit alle anderen „schlafen“ können, indem er den Dieb „abklatscht“, sobald dieser die Kokosnuss erbeutet hat. Der „diebische Affe“ muss den Raum verlassen, solange die „Affenfamilie“ den Wächter bestimmt. Dieser „Affe“ stellt sich auch schlafend. Er darf erst versuchen, den Dieb abzuklatschen, wenn dieser die Kokosnuss berührt bzw. entwendet hat. Der Dieb gewinnt, wenn es ihm gelingt, mit der Kokosnuss den Kreis zu verlassen, bevor ihn der Wächter fängt. Nach jeder Runde werden die Rollen getauscht.

Je nach Gruppengröße können mehrere Diebe oder Wächter bestimmt werden.

Das Spiel wird bedingt durch die Größe des Kreises. Er muss einen der Gruppengröße und der Spielsituation angemessenen Durchmesser haben und darf weder zu groß noch zu klein sein. Ab einer gewissen Gruppengröße kann man z. B. mehrere Wächter bestimmen.

31 Wechsel-Spiel

1. Klasse	
2. Klasse	
3. Klasse	••
4. Klasse	•••

Kraft	
Schnelligkeit	••
Ausdauer	••
Gleichgewicht	
Geschicklichkeit	•••
Kooperation	•••

Sporthalle	•
Sportplatz	•
Gelände	
Sonstiges	

» Die Schüler stehen z. B. in drei Viererreihen hintereinander so, dass sie sich mit gestreckten Armen fassen können und zwischen den einzelnen Reihen Laufgänge entstehen.
» Eine „Katze" und eine „Maus" werden bestimmt.

Die Maus wird von der Katze verfolgt. Zum Schutze der Maus kann die Stellung der Reihen durch Zuruf verändert werden. Je nach Abmachung kann der Wechsel-Auftrag vom Lehrer, der Katze oder der Maus erfolgen. Hierbei ist wichtig, dass die „Absperrung" durch die Helfer respektiert wird und kein „Unten-durch-Schlüpfen" stattfinden darf. Wird die Maus von der Katze erwischt, werden beide ausgewechselt.

32 Auf die Erdumlaufbahn schicken

Klasse	
1. Klasse	
2. Klasse	•
3. Klasse	••
4. Klasse	•••

Fähigkeit	
Kraft	
Schnelligkeit	•••
Ausdauer	•••
Gleichgewicht	
Geschicklichkeit	••
Kooperation	

Ort	
Sporthalle	•
Sportplatz	•
Gelände	
Sonstiges	

» 6 Markierungshütchen
» 1 Mal zur Kennzeichnung des Eintritts zur „Erdumlaufbahn"
» Markierung eines der Gruppengröße angemessenen rechtwinkligen Feldes (z. B. Volleyballfeld)
» 3–6 Fänger

Die Fänger fangen die anderen Spielteilnehmer.

Wer gefangen wird, muss eine Runde um das Spielfeld (Erdumlaufbahn) rennen, er darf danach wieder mitspielen. Der Rundenbeginn sollte hierzu gekennzeichnet werden. Sind alle auf der Erdumlaufbahn, haben die Fänger gewonnen. Schaffen sie es, wieder in das Feld zu gelangen, bevor die Fänger die anderen Mitspieler gefangen haben, geht das Spiel nahtlos weiter. Die Fänger haben gewonnen, wenn sie alle Spieler auf die Umlaufbahn geschickt haben und das innere Spielfeld leer ist.

Erlösen durch Extra-Aufgabe, die der Fänger stellt (Kniebeuge, Handstand, ...), anstatt des Erdumlaufbahn-Umrundens.

» Fänger nach x min wechseln.
» Vorher muss untereinander besprochen werden, ob jeder die Aufgabe erfüllen kann.
» Evtl. kontrolliert der Fänger die Aufgaben (dann werden mehr Fänger benötigt).

33 Der Fuchs geht um

Klasse	
1. Klasse	•••
2. Klasse	•••
3. Klasse	••
4. Klasse	•

Fähigkeit	
Kraft	
Schnelligkeit	•••
Ausdauer	
Gleichgewicht	
Geschicklichkeit	••
Kooperation	

Ort	
Sporthalle	•
Sportplatz	•
Gelände	•
Sonstiges	

» ein Tuch, Fuchsschwanz oder Ähnliches
» das Lied „Der Fuchs geht um"

Text: Der Fuchs geht um
Der Fuchs geht um, der Fuchs geht um.
Er trägt seinen langen, langen Schwanz herum.
Wer sich umdreht, oder lacht,
der kriegt den Buckel blau gemacht.

Die Kinder einer Klasse sitzen in einem Kreis am Boden. Ein Fänger (Fuchs) wird ausgewählt. Dieser nimmt das Tuch (den Fuchsschwanz) in die Hand und geht um den Kreis herum, während die sitzenden Kinder das Lied singen.
Ist das Lied zu Ende, lässt der Fuchs seinen Schwanz hinter einem beliebigen Kind fallen. Dieses muss das Tuch aufnehmen und den Fuchs so schnell wie möglich fangen, während dieser um den Sitzkreis herum rennt und versucht, sich auf den frei gewordenen Platz zu setzten, bevor er gefangen wird.
Gelingt dies dem Fuchs, wird automatisch der vorherige Fänger zum Fuchs und das Spiel beginnt von neuem.
Wird der Fuchs gefangen, bevor er den Platz im Kreis einnehmen konnte, so ist er eine weitere Runde lang der Fuchs.

Nicht auf unebenen Flächen spielen, da sonst das Risiko des Stolperns und somit Verletzens gefördert wird.

34 Geisha, Samurai, Tiger

1. Klasse	
2. Klasse	••
3. Klasse	•••
4. Klasse	•••

Fähigkeit	
Kraft	
Schnelligkeit	•••
Ausdauer	
Gleichgewicht	
Geschicklichkeit	••
Kooperation	••

Ort	
Sporthalle	•
Sportplatz	•
Gelände	•
Sonstiges	•

Materialien sind nicht nötig. Hilfreich könnten alle Gegenstände sein, die zur Markierung der Aufstelllinien, der Mittellinie und dem Schutzbereich dienen.

Das Spiel läuft nach dem Prinzip des Stein-Papier-Schere-Spiels ab. Dabei ist es so, dass der Samurai (durch ein mit den Händen hoch erhobenes Schwert und dem Schrei: „Ha!" symbolisiert) den Tiger schlägt. Der Tiger (durch Brüllen und drohende Finger symbolisiert) schlägt die Geisha. Diese schlägt den Samurai (durch „Betören" mit ihrem Fächer).

Die Gruppe wird in zwei Hälften geteilt. Jede Gruppe bespricht heimlich, welche Figur sie darstellen will. Dann stellen sich beide Gruppen mit dem Rücken zueinander an den Aufstelllinien auf. Es wird laut bis drei gezählt. Dann drehen sich alle schnell um und stellen die besprochene Figur gleichzeitig dar. Die Gruppe mit der „stärkeren" Figur versucht, schnellstmöglich die andere Gruppe zu fangen, bevor diese in dem hinter ihr liegenden Schutzbereich ankommt. Die Gefangenen gehören ab jetzt zur gegnerischen Mannschaft.

Das Spiel kann solange dauern, bis alle Teilnehmer (bis auf einen) in einer Gruppe sind.

Der Abstand der Schutzbereiche zur Mittellinie kann vergrößert oder verkleinert werden.

Die Aufstelllinien sollten (je nach Platzverfügung) ca. 10 m auseinander liegen oder mindestens so weit, dass die Gruppen sich nicht zu leicht fangen (zwei bis drei Schritte).

35 Gleichseitiges Dreieck

1. Klasse	
2. Klasse	•
3. Klasse	••
4. Klasse	•••

Kraft	
Schnelligkeit	•••
Ausdauer	••
Gleichgewicht	
Geschicklichkeit	••
Kooperation	•••

Sporthalle	
Sportplatz	•
Gelände	•
Sonstiges	•

Zu Beginn stellen sich alle Teilnehmer in einen großen Kreis. Jeder hat die Aufgabe, sich in Gedanken zwei andere Teilnehmer zu suchen und zu merken. Sobald das Startsignal fällt (wenn jeder zwei Teilnehmer ausgewählt hat), muss jeder mit diesen zwei Teilnehmern und sich selbst ein gleichseitiges Dreieck bilden. Die anderen zwei wissen ja aber nicht, dass sie einen Platz in „deinem Dreieck" einnehmen, und probieren selbst, mit den von ihnen ausgewählten Teilnehmern ein gleichseitiges Dreieck zu bilden. Also beginnt erstmal ein großes Durcheinanderrennen, weil jeder probiert, sein Dreieck zu „bauen", und dieses sich aber andauernd wieder verschiebt (da die Anderen „ihr" Dreieck bauen). Irgendwann sollte mehr Ruhe einkehren (bei großer Teilnehmerzahl dauert das natürlich länger), und am Schluss stehen alle still und haben mit ihren zwei ausgewählten Teilnehmern und sich selbst ein (in etwa) gleichseitiges Dreieck gebildet. Es funktioniert immer!

Es wäre natürlich gut, darauf zu achten, dass nicht alle ineinander rennen. Im Grunde ist es aber ein ungefährliches und unkompliziertes Spiel!

36 Hasenlauf

Klasse	
1. Klasse	•
2. Klasse	••
3. Klasse	•••
4. Klasse	•••

Fähigkeit	
Kraft	
Schnelligkeit	•••
Ausdauer	••
Gleichgewicht	
Geschicklichkeit	••
Kooperation	•

Ort	
Sporthalle	•
Sportplatz	
Gelände	
Sonstiges	

» 3 Softbälle
» 3 Bänke bzw. 3 Hüpfseile
» Materialien für den Parcours (z. B.: Reifen, Sprungbrett, Kästen, Matten etc.)

Es gibt insgesamt 4 Gruppen. Es wird bei jedem Durchlauf mit 3 „Hasengruppen" und einer „Jägergruppe" gespielt. Die Jägergruppe versucht, möglichst viele Hasen mit Softbällen abzuschießen; dabei stehen die Jäger hinter der Bankreihe (ca. 3 m entfernt zum Parcours). Ein Jäger ist dafür zuständig, die Bälle vom Parcours den Jägern zurückzuwerfen. Alle Treffer werden gezählt. Die Hasengruppe versucht den Parcours so zu durchlaufen, dass sie möglichst nicht abgeworfen wird. Wird sie getroffen, durchläuft sie den Parcours weiter. Sind sie am Ende angekommen, beginnen sie das Durchlaufen des Parcours wieder von vorne. Jede Gruppen wird einmal zum Jäger. Das Spiel ist beendet, wenn jede Gruppe einmal Jäger war. Abschließend wird verglichen, welche Gruppe die meisten Hasen getroffen hat. Diese ist Sieger des Spiels.

Der Parcours ist individuell gestaltbar.

37 Ochs am Berg

Klasse	
1. Klasse	•••
2. Klasse	•••
3. Klasse	•••
4. Klasse	•••

Fähigkeit	
Kraft	
Schnelligkeit	••
Ausdauer	
Gleichgewicht	•••
Geschicklichkeit	••
Kooperation	

Ort	
Sporthalle	•
Sportplatz	•
Gelände	
Sonstiges	

Das Spiel findet entweder draußen auf einem Sportplatz oder in einer Turnhalle statt, in der viel Platz zum Rennen ist. Es werden zwei parallele Linien ca. 20–30 Meter voneinander entfernt gezogen, eine für „Start" und eine für „Ziel" (kann auch durch z.B. eine Mauer/Wand ersetzt werden). Ein Mitspieler wird per Abzählreim zum „Ochs" auserkoren. Er geht zur Ziellinie („Berg") und steht mit dem Gesicht abgewandt zu den anderen Kindern. Der Rest der Gruppe stellt sich an den Start.

Der Ochs ruft „Eins–zwei–drei–vier–Ochs am Berg". Während er zählt, dürfen sich die Kinder schrittweise auf den Berg zu bewegen. Beim Wort „Berg" dreht sich der Ochs um und alle Kinder der Gruppe müssen wie versteinert in ihrer Bewegung verharren. Erwischt der Ochs ein Kind in Bewegung, muss es zurück an den Start. Schafft es ein Kind, den Berg zu erreichen, hat es gewonnen, das heißt, es darf nun selbst den Ochs spielen und das Spiel beginnt wieder von vorn.

Statt einen sich noch bewegenden Teilnehmer des Spieles bis ganz zum Start zurückzuschicken, kann der Ochse auch Teilstrafen in Form einer gewissen Anzahl von Rückwärtsschritten verhängen. Wer beispielsweise nur leicht zuckt, muss nur drei Schritte nach hinten gehen etc.

Je nach Absprache ist es dem Ochsen auch gestattet, in der Beobachtungsphase an einzelne Mitspieler näher heran zu treten und diese durch allerlei Sprüche und Grimassen zum Lachen zu bringen. Passiert dies, kann er ihn ebenfalls zurückschicken.

Es kann sinnvoll sein, vor dem Spiel einen Schiedsrichter zu wählen. Dieser entscheidet im Zweifelsfall, ob sich ein Spieler noch bewegt hat oder nicht.

38 Peter Pan

1. Klasse	
2. Klasse	••
3. Klasse	•••
4. Klasse	•••

Fähigkeit	
Kraft	
Schnelligkeit	•••
Ausdauer	••
Gleichgewicht	
Geschicklichkeit	••
Kooperation	••

Ort	
Sporthalle	•
Sportplatz	•
Gelände	•
Sonstiges	

» mindestens 7–8 Spieler
» Parteibänderbänder (oder andere Markierungen) für die Fänger
» Das Spielfeld sollte an die Gruppengröße angepasst werden, beim Spielen auf dem Sportplatz oder im Gelände sollten Hütchen für die Spielfeldbegrenzung genutzt werden.

Zu Beginn werden bis zu sechs Fänger (je nach Gruppenstärke) ausgewählt. Sie erhalten jeweils ein Parteiband und müssen anschließend für kurze Zeit die Halle bzw. das Spielfeld verlassen.

Der Rest der Gruppe bestimmt nun ohne ihr Wissen einen Schüler, der „Peter Pan“ sein wird. Dieser hat im Spielverlauf magische Kräfte und kann die von den Fängern abgeschlagenen Spieler wieder erlösen. Dies sollte jedoch möglichst unbemerkt geschehen, damit die Fänger nicht herausbekommen, wer der „Peter Pan“ ist. Denn sollte auch „Peter Pan“ abgeschlagen werden, ist das Spiel bald zu Ende, da nun kein abgeschlagener Spieler mehr befreit werden kann.

Je nach Gruppengröße können auch mehrere Spieler zum „Peter Pan“ ernannt werden.

39 Puzzlelauf

1. Klasse	
2. Klasse	•
3. Klasse	••
4. Klasse	•••

Kraft	
Schnelligkeit	•••
Ausdauer	••
Gleichgewicht	
Geschicklichkeit	••
Kooperation	••

Sporthalle	•
Sportplatz	•
Gelände	
Sonstiges	

» 3 verschiedene Puzzles bestehend aus mindestens 10 Puzzleteilen
» Klasse in 3 gleichgroße Gruppen einteilen (bei großen Klassen auch 4 Gruppen)
» 3 Standpunkte für die Gruppen einrichten (Bereich durch Linie mit Klebeband abgrenzen)
» Puzzleteile aller Puzzles in der Mitte der Sporthalle umgedreht verteilen

Die drei Gruppen stehen hinter der Linie und bekommen ein Bild von ihrem Puzzle. Nun darf jeweils ein Mitglied der Gruppe losrennen und pro Lauf ein Puzzleteil umdrehen. Wenn dies zu ihrer Gruppe gehört, können sie es mit hinter die Linie nehmen, wo alle Puzzleteile zusammengebaut werden sollen. Wenn das Puzzleteil nicht zu ihrem Puzzle gehört, müssen sie es wieder umdrehen und liegenlassen. Nehmen sie ein Teil aus Versehen mit, gehört es automatisch der anderen Gruppe und muss übergeben werden.

Es darf immer nur einer pro Gruppe laufen und ein Puzzleteil umdrehen; erst wenn der eine Spieler wieder hinter der Linie ist, darf der nächste Spieler der Gruppe loslaufen. Es muss immer abwechselnd gelaufen werden, sodass jeder einmal an der Reihe ist.

Ziel ist es, als erster alle passenden Teile zu finden und dann richtig zusammenzupuzzeln. Die Gruppe, die als erste fertig ist, hat gewonnen.

» Es können Puzzles mit mehr Teilen verwendet werden oder auch Puzzles mit schwierigeren Motiven (so auch noch interessant für ältere Klassen).
» Regeländerung: Wenn ein Spieler ein falsches Teil aufdeckt, muss er nach dem Umdrehen eine Runde um das Spielfeld (vor Spielbeginn durch Lehrkraft geklärt) laufen; ebenso wenn er ohne Absicht ein Puzzleteil vom Gegner mitbringt (Dies kann umso häufiger passieren, wenn die Puzzles sich ähneln).

Das Puzzleteil sollte so umgedreht werden, dass die Spieler aus den anderen Teams es nicht sehen können, und muss, falls es nicht passt, wieder umgedreht zurückgelassen werden.

41 Schmetterlingsfangen

1. Klasse	
2. Klasse	••
3. Klasse	•••
4. Klasse	•••

Fähigkeit	
Kraft	
Schnelligkeit	•••
Ausdauer	••
Gleichgewicht	
Geschicklichkeit	••
Kooperation	•

Ort	
Sporthalle	•
Sportplatz	•
Gelände	•
Sonstiges	

Es werden keine Materialien benötigt.

Die Kinder sitzen paarweise auf dem Boden (wenn man im Freien spielt, können die Kinder auch nebeneinander stehen). Zwei Kinder setzen sich nicht. Eines ist der Fänger, das andere Kind ist Läufer und wird gefangen. Das Kind, das gefangen wird, kann irgendwann selbst entscheiden, wann es nicht mehr gefangen werden möchte, und sich zu einem der Paare setzen, das auf dem Boden sitzt. Setzt sich das Kind links neben das Paar, wird das Kind, das rechts sitzt, zum Fänger und das Kind, das ursprünglich der Fänger war, zum Läufer. Fängt der Fänger den Läufer, noch bevor er sich setzen kann, tauschen sie die Rollen.

Die Kinder können sich hintereinander setzen, sodass immer das vordere oder das hintere Kind loslaufen muss, sobald sich der Läufer zu ihnen setzt.

Man kann gleich zu Beginn zwei Fänger und zwei Läufer bestimmen. So wird die Anzahl der Kinder, die auf dem Boden sitzen, kleiner und die Kinder müssen sich stärker konzentrieren (Vorteil bei großen Gruppen). Auch den Namen kann man variieren. Zum Beispiel zu besonderen Anlässen wie Halloween: Vampir-Fangen.

Da die Regeln komplizierter sind, ist es wichtig, dass jedes Kind genau verstanden hat, wann es Fänger oder Läufer ist. Deshalb sollte die Lehrkraft gegebenenfalls noch einmal die Regeln von den Kindern wiederholen lassen. Zudem ist es von Vorteil, wenn die Kinder weiter auseinander sitzen, sodass der Wechsel nicht zu schnell hintereinander geschieht. Sonst entsteht Verwirrung.

42 Seeungeheuer

1. Klasse	••
2. Klasse	•••
3. Klasse	•••
4. Klasse	•••

Kraft	
Schnelligkeit	•••
Ausdauer	•••
Gleichgewicht	
Geschicklichkeit	••
Kooperation	

Sporthalle	•
Sportplatz	•
Gelände	
Sonstiges	

» 4 Mannschaften
» 1 Weichbodenmatte
» Parteibänder
» 4 Hütchen

Bei diesem Lauf- und Fangspiel werden die Schüler in 4 Mannschaften (z. B. Delfine, Haie, Wale, Rochen) eingeteilt. Jeder Gruppe wird eine Ecke der Halle zugeordnet, die mit einem Hütchen gekennzeichnet wird. Ein Schüler der Klasse ist das „Seeungeheuer" und stellt sich auf die Weichbodenmatte, die sich genau in der Mitte der Halle befindet. Alle anderen Kinder laufen nun entgegen dem Uhrzeigersinn durch die Halle und umkreisen das Versteck des „Seeungeheuers" (Weichbodenmatte). Ruft nun der Spielleiter z. B. laut „Delfine", so müssen sich alle Schüler der Delfingruppe hinter ihr Markierungshütchen in Sicherheit bringen. Währenddessen läuft das „Seeungeheuer" los und versucht die Weglaufenden zu fangen. Nur die benannten Tiere dürfen sich retten. Wird ein Meerestier vom Seeungeheuer gefangen bzw. abgeschlagen, so gehört es ab sofort zur Gruppe der Seeungeheuer und muss mit auf den Weichboden. Sobald ein Kind gefangen wurde, beginnt das Spiel mit den vervielfältigten Seeungeheuern auf der Weichbodenmatte erneut. Gewonnen hat diejenige Mannschaft, von der noch als letztes ein Meerestier im Ozean schwimmt.

C) Kampfspiele

1 Burgwächter

1. Klasse	
2. Klasse	••
3. Klasse	•••
4. Klasse	•••

Kraft	•••
Schnelligkeit	•
Ausdauer	•••
Gleichgewicht	•
Geschicklichkeit	••
Kooperation	

Sporthalle	•
Sportplatz	
Gelände	
Sonstiges	

» 2 Matten
» 1 Medizinball

Der Burgwächter hütet den Schatz (Medizinball), indem er den Ball fest umklammert. Der Räuber versucht, diesem den Schatz zu stehlen. Nach einiger Zeit sollen hierbei die Rollen gewechselt werden.

Vor der Durchführung des Spiels müssen die Regeln des „Fair Plays“ beim Kämpfen und Ringen erarbeitet werden. Ein ausgewählter Schiedsrichter muss den Start des Spiels signalisieren, um einen gemeinsamen Beginn der beiden Spielteilnehmer zu gewährleisten.

2 Kampf mit den Handflächen

1. Klasse	••
2. Klasse	•••
3. Klasse	•••
4. Klasse	•••

Kraft	•••
Schnelligkeit	
Ausdauer	••
Gleichgewicht	•••
Geschicklichkeit	••
Kooperation	

Sporthalle	•
Sportplatz	•
Gelände	•
Sonstiges	•

» 2 Spielpartner spielen jeweils gegeneinander
» Anordnung der Spielpartner gegenüber voneinander an einer Linienmarkierung
» Schiedsrichter bestimmen

Die Spielpartner stellen sich gegenüber voneinander an der Linie auf. Die Arme der Teilnehmer werden jeweils in Brusthöhe vor dem Körper ausgestreckt. Die Handflächen berühren sich. Das Startkommando durch den Schiedsrichter signalisiert den Spielbeginn. Beide Partner versuchen den jeweils anderen wegzuschieben, sodass das eigene Übertreten der Linie möglich wird. Gewinner ist derjenige, der die Linie zuerst überschreitet.

Der Abstand zum Spielpartner kann variiert werden.

Die Regeln der Kampfspiele müssen beachtet werden.

3 Kampf ums Hosenband

1. Klasse	••
2. Klasse	•••
3. Klasse	•••
4. Klasse	•••

Kraft	
Schnelligkeit	•••
Ausdauer	••
Gleichgewicht	
Geschicklichkeit	•••
Kooperation	

Sporthalle	•
Sportplatz	•
Gelände	•
Sonstiges	•

» Ein adäquates Spielfeld wird durch Hütchen begrenzt.
» Jedes Kind benötigt ein Parteiband.

Jeweils zwei Kinder fixieren hinten in ihrer Hose ein Parteiband (Hosenband). Sie versuchen, das Hosenband des anderen zu erobern und müssen gleichzeitig auf ihr eigenes achten. Die Partner dürfen sich nur im vorgegebenen Feld bewegen.

Das Spiel kann auch in größeren Gruppen gespielt werden. Aufgabe ist es, so viele Hosenbänder wie möglich zu sammeln und das eigene nicht zu verlieren.

Die Regeln der Kampfspiele müssen beachtet werden.

4 Möhren ziehen

1. Klasse	••
2. Klasse	•••
3. Klasse	•••
4. Klasse	•••

Kraft	•••
Schnelligkeit	•
Ausdauer	•••
Gleichgewicht	
Geschicklichkeit	••
Kooperation	•••

Sporthalle	•
Sportplatz	
Gelände	
Sonstiges	

Die Kinder legen sich bäuchlings in einen Kreis und nehmen das Nachbarkind an der Hand. Sie bilden die „Möhren".

Je nach Gruppengröße werden 2–3 Kinder ausgewählt (Bauern), die nun versuchen, die „Möhren" aus dem Kreis zu ziehen. Die Kinder halten sich fest und versuchen dies zu verhindern. Das wird solange wiederholt, bis kein Kind mehr an einem anderen hängt.

» Die Kinder sitzen oder stehen im Kreis.

Die „Möhren" müssen an beiden Beinen gezogen werden.

C) Kampfspiele

5 Raufball

1. Klasse	
2. Klasse	
3. Klasse	••
4. Klasse	•••

Fähigkeit	
Kraft	•••
Schnelligkeit	••
Ausdauer	•••
Gleichgewicht	••
Geschicklichkeit	••
Kooperation	•••

Ort	
Sporthalle	•
Sportplatz	
Gelände	•
Sonstiges	

Zum Aufbau des Spiels benötigt man lediglich zwei Weichbodenmatten, einen Medizinball und zwei Mannschaften mit variabler, aber gleich verteilter Spielerzahl.

Die Mannschaften stellen sich in einem begrenzten Feld gegenüber auf.

Die Weichbodenmatten liegen sich mittig jeweils im hinteren Bereich des Spielfeldes gegenüber. Dabei sind die Matten so im hinteren Teil der jeweiligen Spielerhälfte platziert, das auch noch hinter der Matte eine Spielfläche besteht. Der Medizinball liegt zu Spielbeginn in der Mitte des Spielfeldes.

Die Mannschaften stellen sich zu Spielbeginn vor ihrer Matte in einer Linie auf.

Die Mannschaften sollen den Medizinball so schnell wie möglich an sich reißen. Der Ball kann beliebig oft innerhalb der eigenen Mannschaft durch Werfen, Rollen und Übergeben weitergereicht werden. Der Medizinball darf nicht mit dem Fuß gespielt werden. Ziel des Spiels ist es, den Ball auf die gegnerische Matte zu befördern. Dabei darf er nicht geworfen, sondern nur gelegt werden.

Dabei ist alles bis auf Treten, Schlagen, Beißen, Haare ziehen etc. erlaubt.

Bei Erzielen eines Punktes bekommt die andere Mannschaft den Ball und das Spiel läuft normal weiter.

Das Spiel kann zeitlich beliebig lange gespielt werden.

Die Spielfeldgröße und die Teilnehmerzahl können beliebig variiert werden. Der Medizinball kann je nach Altersklasse in Größe und Gewicht ebenfalls variieren. Regeln, welche die Ballabnahme betreffen, können ebenfalls je nach Alter unterschiedlich ausgelegt werden.

Verletzungen sollten durch diese Regeländerungen möglichst vermieden werden.

Der Lehrer sollte stets darauf achten, dass das Spiel in Problemklassen nicht ausartet und Regelverstöße geahndet werden.

6 Rücken drücken

1. Klasse	
2. Klasse	••
3. Klasse	•••
4. Klasse	•••

Kraft	•••
Schnelligkeit	
Ausdauer	•••
Gleichgewicht	•
Geschicklichkeit	••
Kooperation	

Sporthalle	•
Sportplatz	
Gelände	
Sonstiges	

Es wird eine Weichbodenmatte benötigt.

Jeweils zwei Gegenspieler setzen sich Rücken an Rücken auf die Matte. Es wird ein Startsignal erteilt. Ziel des Spiels ist es, den anderen mit dem Rücken von der Matte zu drücken.

Das Spiel kann auch im Stehen und ohne Matte, dafür mit einer Bereichsbegrenzung, gespielt werden.

Die Regeln der Kampfspiele müssen beachtet werden.

7 Störrischer Esel

1. Klasse	•
2. Klasse	••
3. Klasse	•••
4. Klasse	•••

Kraft	•••
Schnelligkeit	•
Ausdauer	
Gleichgewicht	•••
Geschicklichkeit	•••
Kooperation	

Sporthalle	•
Sportplatz	
Gelände	
Sonstiges	

Es wird eine umgedrehte Langbank benötigt, die mit Matten abgesichert wird.

Die Gegenspieler repräsentieren zwei „störrische Esel“. Sie versuchen, sich durch geschicktes Drücken und Schieben von der Bank zu stoßen. Verlierer ist derjenige, der zuerst von der Bank fällt.

Das Spiel kann auch auf dem Schwebebalken durchgeführt werden. Dieser muss ebenfalls mit Matten abgesichert werden.

Die Regeln der Kampfspiele müssen beachtet werden.

8 Sumoringen

1. Klasse	
2. Klasse	
3. Klasse	••
4. Klasse	•••

Kraft	•••
Schnelligkeit	••
Ausdauer	•••
Gleichgewicht	••
Geschicklichkeit	••
Kooperation	

Sporthalle	•
Sportplatz	
Gelände	
Sonstiges	

1 große Weichbodenmatte, 2 Teilnehmer

2 Teilnehmer stehen sich gegenüber. Sobald das Startsignal erfolgt, bewegen sie sich aufeinander zu und versuchen, den anderen zu Boden zu ringen. Erlaubt ist hierbei nur der Kontakt an den Schultern. Sobald einer der beiden 3 Sekunden lang mit seinem Rücken den Boden berührt hat, ist der „Kampf“ vorbei.

Man kann das Spiel variieren, indem man mehrere Teilnehmer in 2 Mannschaften aufteilt und diese der Reihe nach gegeneinander antreten lässt. Das Team, das als erstes keine Kämpfer mehr hat, weil alle ausgeschieden sind, hat verloren.

Die Schüler müssen auf jeden Fall darüber aufgeklärt werden, dass Sumoringen ein fairer Wettkampf ist, der nicht zu verbissen geführt werden sollte und zudem nicht dazu gedacht ist, den Gegner zu verletzen. Sobald ein Wettkampf aus dem Ruder läuft, sollte sofort abgebrochen werden.

9 Tauziehen

1. Klasse	•
2. Klasse	••
3. Klasse	•••
4. Klasse	•••

Kraft	•••
Schnelligkeit	
Ausdauer	•••
Gleichgewicht	
Geschicklichkeit	••
Kooperation	•••

Sporthalle	•
Sportplatz	•
Gelände	•
Sonstiges	

» 1 dickes Tau/Seil
» Einteilung in zwei Gruppen/Mannschaften
» Markierung in der Mitte

Zwei gleich starke Teams werden eingeteilt. Jedes der beiden Teams begibt sich auf eine Seite des Seils. Auf Kommando (Pfiff) ziehen beide Gruppen mit aller Kraft an dem Seil in ihre Richtung. Die Gruppe, die zuerst die gesamten Mitglieder der anderen Gruppe über die Mittellinie gezogen hat, gewinnt.

Krake:
Durch die Verknüpfung von vier Tauen wird eine Krake mit acht Armen gebildet. An jedem Arm befindet sich eine Gruppe. Die Gruppen versuchen nun, eine der anderen Gruppen über eine Markierung oder über eine verbotene Zone (z. B. Kreis in der Mitte) zu ziehen.

Zu beiden Seiten muss genügend Platz nach hinten vorhanden sein, damit die Gruppen nicht rückwärts an eine Wand oder andere Aufbauten stoßen.

Die Regeln der Kampfspiele müssen beachtet werden.

10 Über die Linie ziehen

1. Klasse	••
2. Klasse	•••
3. Klasse	•••
4. Klasse	•••

Kraft	•••
Schnelligkeit	•
Ausdauer	••
Gleichgewicht	••
Geschicklichkeit	••
Kooperation	

Sporthalle	•
Sportplatz	•
Gelände	•
Sonstiges	•

Ein Spielfeld, das durch eine Linie getrennt ist, wird abgesteckt. Zwei Gegenspieler treten gegeneinander an.

Die Gegner stellen sich an der Linie gegenüber auf und fassen sich mit der linken oder rechten Hand an. Auf ein Startsignal hin versuchen sich die Spieler nun über die Linie zu ziehen.

Die Gegenspieler schieben sich z. B. mit der Schulter über die Linie.

11 Eisbären gegen Robben

1. Klasse	
2. Klasse	••
3. Klasse	•••
4. Klasse	•••

Fähigkeit	
Kraft	•••
Schnelligkeit	••
Ausdauer	•••
Gleichgewicht	
Geschicklichkeit	••
Kooperation	

Ort	
Sporthalle	•
Sportplatz	
Gelände	
Sonstiges	

Ein Feld aus Matten wird aufgebaut: pro Paar werden ca. 3 Matten benötigt, welche längs hintereinander gelegt werden. Die Mattenreihen können direkt nebeneinander angeordnet werden.

Die Robben befinden sich auf der einen Seite ihrer Mattenreihe, die Eisbären auf der anderen. Die Robben versuchen nun, von der einen Seite zur anderen zu „robben". Die Eisbären kommen ihnen entgegen und versuchen sie auf den Rücken zu drehen. Die Robbe gewinnt, wenn sie das andere Mattenende mit den Händen erreicht hat. Der Eisbär gewinnt, wenn er es geschafft hat, die Robbe auf den Rücken zu drehen.

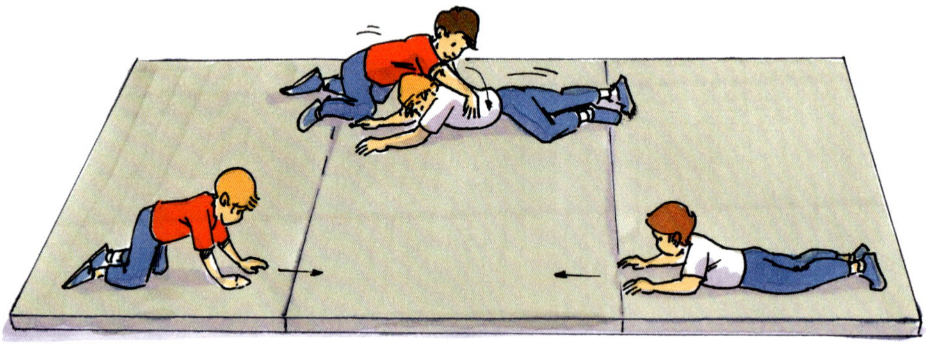

12 Flucht aus dem Gefängnis

1. Klasse	
2. Klasse	•
3. Klasse	••
4. Klasse	•••

Kraft	•••
Schnelligkeit	••
Ausdauer	•••
Gleichgewicht	•
Geschicklichkeit	••
Kooperation	

Sporthalle	•
Sportplatz	
Gelände	
Sonstiges	

2 kleine Matten oder eine Weichbodenmatte

Zwei Matten (oder eine Weichbodenmatte) stellen das Gefängnis dar. Beide Kämpfenden sind in der Bankstellung. Der Wächter muss den Gefangenen umklammern, während dieser versuchen muss, aus dem Gefängnis zu entkommen. Sobald der Gefangene mit den Händen den Boden berührt, ist er frei.

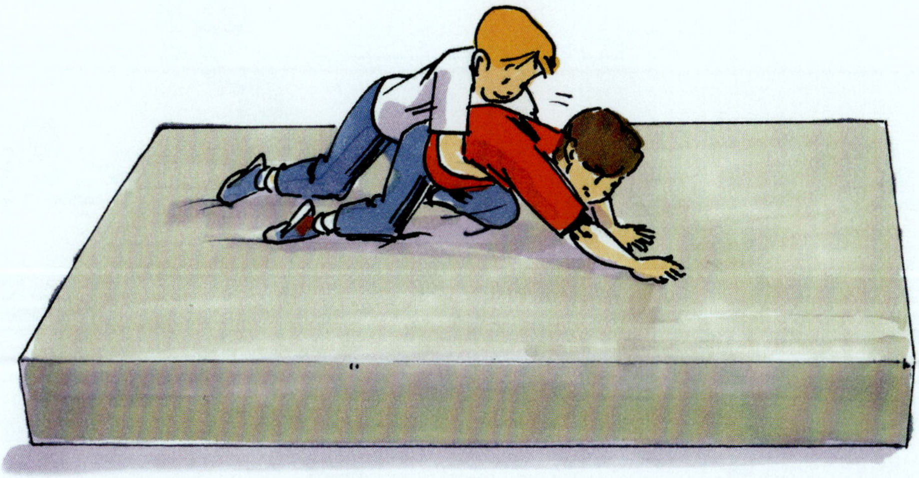

13 Mattenkönig

1. Klasse	
2. Klasse	•
3. Klasse	••
4. Klasse	•••

Kraft	•••
Schnelligkeit	••
Ausdauer	•••
Gleichgewicht	••
Geschicklichkeit	•••
Kooperation	

Sporthalle	•
Sportplatz	
Gelände	
Sonstiges	

1 Weichbodenmatte

Zwei oder mehr Kinder befinden sich auf einer Weichbodenmatte. Nun versuchen beide bzw. alle, sich gegenseitig von der Matte zu drängen. Wer zuerst mit einem Körperteil den Boden außerhalb der Matte berührt, hat verloren. Derjenige, der bis zum Schluss auf der Matte bleibt, ist Mattenkönig.

14 Seeschlacht

Klasse	
1. Klasse	
2. Klasse	
3. Klasse	••
4. Klasse	•••

Fähigkeit	
Kraft	•••
Schnelligkeit	••
Ausdauer	•
Gleichgewicht	•••
Geschicklichkeit	••
Kooperation	••

Ort	
Sporthalle	•
Sportplatz	•
Gelände	
Sonstiges	

» 2 Gleichgewichtsbretter
» 2 Softbälle
» 2 Ballnetze (oder Taschen bzw. Tücher)
» 2 Unterlagen
» 1 Stoppuhr

Zuerst bildet man 2 Mannschaften, diese stellen die gegnerischen Piratenteams dar.

Nun nimmt ein Kapitän jeder Mannschaft die Kanonenkugel (Softball im Netz) in die Hand und begibt sich auf sein Schiff (Gleichgewichtsbrett).

Nach einem Signal haben nun die gegnerischen Kapitäne 90 Sekunden Zeit, um den jeweiligen Gegner von seinem Schiff zu befördern.

Der siegreiche Kapitän, also derjenige, der zuletzt noch auf seinem Schiff steht, bekommt einen Orden für seine außerordentliche Leistung.

Der unterlegene Kapitän geht baden und erhält keinen Orden.

Nun sind aus jeder Mannschaft die nächsten beiden Kapitäne an der Reihe und versuchen den Orden für ihre Mannschaft zu erobern.

Die Mannschaft, die am Ende die meisten Orden gesammelt hat, hat die Seeschlacht gewonnen und darf sich von nun an „König der Meere“ nennen.

Anstatt auf Balancebrettern kann man dieses Spiel auch auf einer (umgedrehten) Langbank durchführen. Auch auf einem Schwebebalken ist das Spiel ausführbar, hier ist jedoch auf die Sicherheit besonders zu achten und der Boden rund um den Balken mit dicken Weichbodenmatten auszulegen, um die fallenden Kapitäne (Schüler) weich auffangen zu können.

» Keine Schläge auf den Kopf
» Keine übermäßig harten Schläge
» Keine Schläge in den Genitalbereich und den Brustbereich der Mädchen

15 Sohlenkampf

1. Klasse	••
2. Klasse	•••
3. Klasse	•••
4. Klasse	•••

Kraft	•••
Schnelligkeit	
Ausdauer	•••
Gleichgewicht	•••
Geschicklichkeit	••
Kooperation	

Sporthalle	•
Sportplatz	•
Gelände	•
Sonstiges	•

Je ein Gymnastikstab pro Spielpaar

Jeweils zwei Kinder spielen gegeneinander.

Sie setzen sich mit angehockten Beinen so gegenüber, dass sie ihre Fußballen aneinanderdrücken können. In den Kniekehlen hat jeder einen Gymnastikstab, unter dem die Arme durchgeschoben werden. Die Arme umfassen die Knie und die Hände werden am Schienbein fest ineinander gefaltet.

Nach einem Startsignal versucht jeder der beiden Spieler, den anderen nach hinten zu drücken, sodass dieser das Gleichgewicht verliert und auf den Rücken rollt.

1 Ballvertreiben

1. Klasse	
2. Klasse	••
3. Klasse	•••
4. Klasse	•••

Kraft	••
Schnelligkeit	•••
Ausdauer	••
Gleichgewicht	
Geschicklichkeit	••
Kooperation	••

Sporthalle	•
Sportplatz	•
Gelände	
Sonstiges	

» Spielerzahl: 10 bis 20 (2 Mannschaften)
» Spielfeld: etwa 10 m x 20 m
» Spielgeräte: 1 Basketball und mehrere Gymnastikbälle

Hinter der Grundlinie (Abwurflinie) jeder Spielfeldseite steht eine Mannschaft. Jeder Spieler hat einen Gymnastikball in den Händen. Auf der Mittellinie des Spielfeldes liegt ein Basketball, der durch gezielte Würfe über die gegnerische Torlinie getrieben werden soll. Die Abwurflinie darf nicht überschritten werden. Jede Mannschaft schickt in ihre Spielfeldhälfte einen Ballholer, der seine Spieler, so schnell er kann, mit Bällen versorgt. Den Würfen des Gegners auf den Ball darf er dabei nicht im Wege stehen (bei jüngeren Kindern ggf. kleine Pausen zum Ballholen einbauen.) Alle über die Seiten- und Grundlinien geworfenen Bälle werden von den Spielern selbst sofort zurückgeholt. Der Mannschaft, der es gelingt, den Ball über die Torlinie des Gegners zu treiben, erhält einen Punkt und das Spiel beginnt von vorne.

Ballvertreiben kann auch in Kreisaufstellung gespielt werden. Ein Kreis von etwa 10 m Durchmesser wird durch eine Linie in zwei Hälften geteilt. Die gegnerischen Mannschaften stehen sich nun in Halbkreisaufstellung gegenüber und versuchen, den in der Mitte liegenden Ball über die Kreislinie des Gegners zu treiben. Die Kreislinie darf beim Wurf nicht überschritten werden. Ballholer erübrigen sich hier.

Bei älteren Schülern und Erwachsenen können auch statt Gymnastikbällen Medizinbälle verwendet werden.

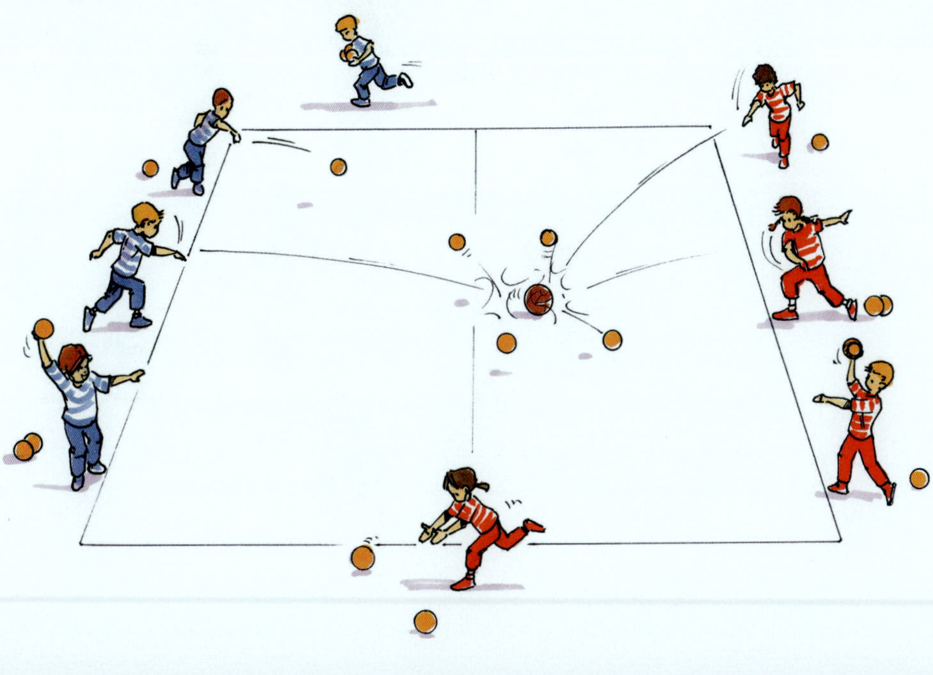

2 Frishok-Spiel

1. Klasse	
2. Klasse	
3. Klasse	••
4. Klasse	•••

Fähigkeit	
Kraft	
Schnelligkeit	•••
Ausdauer	•••
Gleichgewicht	
Geschicklichkeit	••
Kooperation	•••

Sporthalle	•
Sportplatz	•
Gelände	•
Sonstiges	

» 6–10 Stofffrisbees
» 6 Markierungskegel
» 2 verschiedenfarbige Bänder
» 1 Catchball
» 6–8 Ball Bouncer/Schläger (pro Feldspieler einen Schläger)
» 8–10 Spieler

Dieses Spiel hat ähnliche Regeln wie Hockey. Der Catchball muss in das gegenüberliegende Tor mit den Schlägern gespielt werden. Drei Spieler befinden sich auf dem Feld und jeweils ein Spieler steht an dem Markierungskegel außerhalb vom Feld und versucht, einen beliebigen Spieler im Feld zu treffen. Ein fliegender Wechsel erfolgt, wenn ein Spieler im Feld von einem Frisbeewerfer getroffen wurde. Der Frisbeewerfer wechselt in die Mannschaft, dessen Mitglied er getroffen hat. Somit ergeben sich ständig neue Mannschaften. Die Frisbees müssen von den Werfern selbst eingesammelt werden, sobald alle aufgebraucht wurden. Das Spiel wird dabei nicht unterbrochen.

Spielende:
Variation 1: Das Spiel ist nach einer maximalen Anzahl an Toren beendet.
Variation 2: Das Spiel ist nach einer vorher vereinbarten Zeit beendet.

3 Gefängnisball

1. Klasse	
2. Klasse	••
3. Klasse	•••
4. Klasse	•••

Kraft	
Schnelligkeit	••
Ausdauer	••
Gleichgewicht	
Geschicklichkeit	••
Kooperation	••

Sporthalle	•
Sportplatz	
Gelände	
Sonstiges	

» In einem für die jeweilige Lerngruppe adäquaten Abstand zueinander werden zwei Langbänke aufgestellt. Sie begrenzen zwei Spielfelder am jeweiligen Ende des Feldes.
» Die Felder müssen zudem mittig durch eine Trennungslinie gekennzeichnet sein.
» 2 Mannschaften
» 3 Softbälle oder mehr (verschiedenfarbig: blau für Jungen; rot für Mädchen; gelb für beide Geschlechter)

Jede Mannschaft befindet sich in einem der beiden Spielfelder. Die Mannschaften müssen die Spieler der Gegnermannschaft mit den Bällen abwerfen. Hierbei gilt z. B.: die Mädchen dürfen nur mit dem roten, die Jungs nur mit dem blauen Ball werfen, getroffen werden kann jedoch jeder mit jedem Ball. Wurde ein Mitspieler abgeworfen, muss er ins Gefängnis, was bedeutet, dass er sich auf die Langbank am Ende des gegnerischen Feldes stellen muss. Er kann befreit werden, indem ein Spieler aus seiner Mannschaft ihm den Ball zuwirft und er diesen, ohne dass dieser zuvor den Boden berührt hat, fängt. Er darf dann wieder in das eigene Feld zurück.

Spielziel:
Um zu siegen, müssen alle Spieler der Gegenmannschaft ins Gefängnis gebracht werden.

Um alle „Gefängnisinsassen" zu befreien, darf jenes Kind, das einen Ball gefangen hat, ihn auf den (möglichst hinter dem Spielfeld befindlichen) Basketballkorb werfen. Trifft das Kind den Korb mit dem Ball, dürfen alle Kinder auf der „Gefängnisbank" zurück in ihr Spielfeld.

4 Hühnerball

1. Klasse	•
2. Klasse	••
3. Klasse	•••
4. Klasse	•••

Kraft	
Schnelligkeit	••
Ausdauer	••
Gleichgewicht	
Geschicklichkeit	••
Kooperation	••

Sporthalle	•
Sportplatz	•
Gelände	
Sonstiges	

Es werden ein Ball und eine Bank benötigt. Es werden 2 Mannschaften gebildet und die Bank wird auf die Mittellinien eines Volleyballfeldes gestellt.

Beide Mannschaften stellen sich jeweils in einem Feld des Volleyballfeldes auf. Diese versuchen nun, mit dem Ball die Mitglieder der jeweils anderen Mannschaft abzuwerfen. Sollte dies gelingen, muss sich der getroffene Teilnehmer auf die Bank setzen. Sollte der Ball (aus der Luft und von einem Gegenspieler geworfen) gefangen werden, sind die Teilnehmer der Fänger-Mannschaft wieder frei. Ziel des Spiels ist es, alle Teilnehmer aus der gegnerischen Mannschaft abzuwerfen. Wenn aus einer Mannschaft kein Teilnehmer mehr im Feld ist, hat die Gegnermannschaft gewonnen.

» Spiel im Wechsel: Jede Mannschaft hat immer nur einen Versuch zu werfen und muss dann den Ball abgeben.
» Eine Mannschaft darf werfen, solange sich der Ball auf ihrer Seite des Feldes befindet.
» Mehrere Bälle werden genutzt.
» Zeitlimit: Gewonnen hat dann die Mannschaft, die nach Ablauf der Zeit noch die meisten Teilnehmer auf dem Spielfeld hat.

Es darf nur auf den Körper der gegnerischen Kinder geworfen werden. Kopftreffer zählen nicht.

5 Krankenhausspiel

1. Klasse	•••
2. Klasse	•••
3. Klasse	•••
4. Klasse	••

Kraft	••
Schnelligkeit	••
Ausdauer	••
Gleichgewicht	•
Geschicklichkeit	••
Kooperation	••

Sporthalle	•
Sportplatz	
Gelände	
Sonstiges	

» 2–3 Fänger (je nach Gruppengröße) werfen die anderen Kinder mit einem Softball ab.
» Es wird ein „Krankenhaus“ (ein Bereich der Sporthalle/Bodenmatte) abgetrennt/gekennzeichnet.

Die Fänger beginnen auf ein Startsignal hin, die Schüler abzuwerfen. Ist ein Schüler getroffen, ist er „krank“ und muss sich auf den Boden setzen. Um wieder „gesund“ zu werden und wieder mitspielen zu können, muss der „Kranke“ von mindestens 2 „gesunden“ Kindern in das Krankenhaus transportiert werden (durch Tragen etc.). Daraufhin ist er wieder gesund und kann weiter mitspielen. Während des Transports ins Krankenhaus darf man nicht getroffen werden. Ziel des Spiels ist es, möglichst alle Schüler abzuwerfen.

Es können pro Spielrunde 2–6 Spieler (je nach Gruppengröße) festgelegt werden, die ein Rollbrett erhalten und mit diesem als „Sanitäter“ fungieren und in der jeweiligen Spielrunde die Aufgabe haben, „Kranke“ mit dem „Krankenwagen“ (Rollbrett) ins Krankenhaus zu bringen.

Man darf nicht am Kopf abgeworfen werden. Die Regeln zum Umgang mit dem Rollbrett müssen bekannt sein.

6 Mattenball de luxe

1. Klasse	
2. Klasse	
3. Klasse	••
4. Klasse	•••

Kraft	
Schnelligkeit	••
Ausdauer	•
Gleichgewicht	
Geschicklichkeit	••
Kooperation	•••

Sporthalle	•
Sportplatz	
Gelände	
Sonstiges	

» 2 Mannschaften (à 5–10 Spieler je nach Hallengröße)
» Matten und Kästen, um die beiden Spielhälften blickdicht voneinander abzutrennen
» 1 Ball (Wasserball, Softball etc.)

Das Spiel verläuft ähnlich wie Volleyball. Nach einem Aufschlag wird der Ball mit höchstens drei verschiedenen Ballkontakten auf die andere Spielfeldseite gebracht. Gelingt es einer Mannschaft nicht, den Ball auf die andere Seite zu bringen, oder berührt der Ball den Boden, bekommen die Gegner einen Punkt. Fliegt ein Ball ins „Aus", wird auch ein Punkt vergeben.

Das Überraschungsmoment besteht darin, dass man durch die Matten nicht sehen kann, aus welcher Richtung der Ball kommt und somit schnell reagieren muss.

Die Spieldauer lässt sich entweder durch eine bestimmte Zeit oder durch eine zu erreichende Punktezahl begrenzen.

7 Zombie

1. Klasse	
2. Klasse	••
3. Klasse	•••
4. Klasse	•••

Fähigkeit	
Kraft	
Schnelligkeit	••
Ausdauer	•
Gleichgewicht	
Geschicklichkeit	••
Kooperation	••

Sporthalle	•
Sportplatz	
Gelände	
Sonstiges	

» 2 in etwa gleich starke Gruppen
» mehrere Bälle und Hütchen

Es gibt 2 Gruppen. Jede Gruppe bekommt 4 Hütchen und 3 weiche Bälle. Die Felder sind zum Beispiel durch die Mittellinie oder durch eine Bank voneinander getrennt.

4 der Schüler stellen sich jeweils vor die Hütchen, um es zu schützen. Ziel des Spieles ist es nun, die Mitglieder der anderen Gruppe abzuwerfen, um am Ende die Hütchen umschießen zu können. Wird ein Schüler der Gruppe A getroffen, stellt er sich an den Rand des Feldes. Wird nun aber von Gruppe A ein Schüler aus der Gruppe B abgeworfen, darf der Schüler aus Gruppe A wieder in das Spielfeld zurück und umgekehrt.

Das Spiel ist zu Ende, wenn entweder alle Mitglieder aus einer der Gruppen am Rand stehen, also sich nicht mehr im Feld befinden oder alle 4 Hütchen der Gruppe abgeworfen wurden.

Je nachdem, wie alt oder fit die Schüler sind, kann bei der Anzahl der Hütchen und bei der Anzahl der Bälle variiert werden.

Wird beim Abwerfen der Kopf eines Schülers getroffen, ist dieser Schuss ungültig. So soll das Zielen auf den Kopf vermieden werden.

8 Alaska (Brennballvariation)

1. Klasse	
2. Klasse	•
3. Klasse	••
4. Klasse	•••

Kraft	
Schnelligkeit	•••
Ausdauer	••
Gleichgewicht	
Geschicklichkeit	••
Kooperation	••

Sporthalle	•
Sportplatz	•
Gelände	
Sonstiges	

» Markierungshütchen zur Kennzeichnung eines der Mannschaftsgröße angepassten rechteckigen Feldes
» 1 Softball

Zwei Mannschaften spielen gegeneinander. Die Aufstellung erfolgt wie beim Brennball. Eine Gruppe befindet sich im Feld, die andere an der Grundlinie. Ein Spieler der Mannschaft außerhalb des Feldes wirft den Ball ins Feld. Die ganze Mannschaft läuft daraufhin um das Feld herum. Die Mannschaft im Feld versucht den Ball zu fangen. Hat ein Spieler den Ball gefangen, so stellt er sich schnell mit gegrätschten Beinen auf. Die gesamte Mannschaft im Feld läuft zu dem Spieler und stellt sich ebenfalls mit gegrätschten Beinen in einer Reihe hinter ihm auf. Der vordere Spieler rollt nun den Ball durch die gegrätschten Beine bis zum letzten Spieler. Dieser nimmt den Ball auf, läuft zur Grundlinie und legt ihn dort mit einem lauten Ruf „Alaska" ab. Für jeden Spieler der „Außen-Mannschaft", der es geschafft hat, das Spielfeld zu umrunden, bevor der Alaska-Ruf ertönt, gibt es einen Punkt. Die Mannschaften können entweder nach jeder Runde oder aber nach einer bestimmten Anzahl von Runden gewechselt werden.

Es läuft nicht die gesamte Mannschaft auf einmal um das Spielfeld, sondern nur jeweils drei Spieler. Ein Kind aus der Dreiergruppe wirft den Ball.

Je nach Mannschaftsstärke kann das Feld, welches zu umrunden ist, in der Größe variiert werden.

Der Ball darf auch außerhalb des Feldes geworfen werden.

9 Inselspiel

1. Klasse	
2. Klasse	•
3. Klasse	••
4. Klasse	•••

Fähigkeit	
Kraft	
Schnelligkeit	•••
Ausdauer	•••
Gleichgewicht	
Geschicklichkeit	•
Kooperation	•••

Sporthalle	•
Sportplatz	
Gelände	
Sonstiges	

» bis zu 5 Softbälle (ggf. verschiedenfarbig pro Mannschaft)
» 3–6 Turnmatten

Gespielt wird in der ganzen Halle. Es werden 3 Mannschaften gebildet. Jede Gruppe nimmt sich eine Turnmatte und legt sie dort ab, wo sie meint, dass es für den Spielverlauf günstig ist. Alle drei Mannschaften spielen gegeneinander. Jede Mannschaft versucht nun, die gegnerischen Spieler abzuwerfen. Jeder Spieler, der getroffen wurde, muss sich auf seine „Insel" zurückziehen (Turnmatte). Von hier aus kann man sich aber wieder befreien, indem man einen gegnerischen Spieler mit dem Ball abwirft. Gespielt wird solange, bis eine Mannschaft alle anderen Spieler auf die „Inseln" verbannt hat.

Es ist ebenso möglich, das Spiel auf Zeit spielen. Die Gruppe, die am Ende die wenigsten Spieler auf der eigenen „Insel" hat, ist Sieger. Sollte die Halle zu groß sein, so kann man auch in einem abgegrenzten Spielfeld (z. B. Basketballfeld) spielen. Es können auch zwei „Inseln" (Turnmatten) pro Mannschaft ausgelegt werden.

10 Korbwerfen

Klasse	
1. Klasse	
2. Klasse	•
3. Klasse	••
4. Klasse	•••

Fähigkeit	
Kraft	
Schnelligkeit	•
Ausdauer	
Gleichgewicht	
Geschicklichkeit	•••
Kooperation	

Ort	
Sporthalle	•
Sportplatz	
Gelände	
Sonstiges	

» 5 Hütchen im Kreis um den Basketballkorb aufstellen
» 2 Basketbälle

2 Spieler stehen am jeweils äußeren Hütchen und haben einen Basketball in der Hand. Die Spieler versuchen nun abwechselnd den Korb zu treffen. Wenn man den Korb trifft, darf man ein Hütchen weiter rücken (immer in Richtung des anderen äußeren Hütchens) und gleich noch einmal werfen. Trifft man nicht, muss man an seinem Hütchen stehen bleiben und der Gegner ist an der Reihe. Man darf immer erst weiter rücken, wenn man den Korb getroffen hat.

Ziel ist es, als erster auf der anderen Seite anzukommen.

Es werden mehr Hütchen im Kreis aufgestellt.

Es werden verschiedene Bälle (Größe, Gewicht, Material) an die Hütchen gelegt und der Spieler muss damit dann die Körbe treffen.

» Jeder Spieler hat pro Durchgang nur einen Versuch. Wenn er nicht trifft, ist der andere an der Reihe.
» Wenn sich beide Spieler am selben Hütchen befinden, sollte der Spieler, der nicht an der Reihe ist, ein bisschen Abstand nehmen, damit der Gegner frei werfen kann.

11 Mattenbasketball

1. Klasse	
2. Klasse	
3. Klasse	••
4. Klasse	•••

Kraft	
Schnelligkeit	•••
Ausdauer	••
Gleichgewicht	
Geschicklichkeit	••
Kooperation	••

Sporthalle	•
Sportplatz	
Gelände	
Sonstiges	

» 4 Matten
» 1 Weichbodenmatte
» Softball

Zunächst werden fünf Turnmatten wie die Würfel-Fünf in der Halle verteilt. Dabei kann die mittlere Matte auch eine Weichbodenmatte sein.

Es spielen zwei Mannschaften mit einem Softball gegeneinander. Ziel des Spiels ist es, den Softball in den gegnerischen Korb zu werfen. Anders als beim Basketball darf man – wie beim Football – mit dem Ball laufen. Man muss den Ball allerdings sofort auf dem Boden ablegen, wenn man vom Gegner angetippt wird. Ein Wiederschlag ist verboten und das Tippen eines Spielers ohne Ball ist nutzlos. Wenn ein Spieler mit einem Körperteil eine Matte berührt hat, darf er nicht abgetippt werden.

Das Spiel kann für jüngere Schüler durch die Vorgabe, nur das Basketballbrett oder das Rechteck des Brettes treffen zu müssen, noch vereinfacht werden.

Durch die Matten bietet das Spiel viel Raum für taktische Überlegungen. Da es kein Dribbling wie im Basketball gibt, ist es technisch wenig anspruchsvoll.

12 Merkball

1. Klasse	
2. Klasse	•
3. Klasse	••
4. Klasse	•••

Fähigkeit	
Kraft	
Schnelligkeit	•••
Ausdauer	••
Gleichgewicht	
Geschicklichkeit	••
Kooperation	

Sporthalle	•
Sportplatz	•
Gelände	•
Sonstiges	

3–5 Softbälle (je nach Gruppengröße)

Die Schüler laufen in der ganzen Halle durcheinander. Die Bälle werden wahllos in die Menge geworfen, und jeder kann sich einen Ball nehmen und versuchen, mit diesem ein anderes Kind abzuwerfen. Nach spätestens 3 Schritten muss der Ball geworfen werden. Ziel ist es, andere Schüler abzuwerfen. Jeder, der nun weiterhin an einen Ball gelangt, kann andere Kinder abwerfen. Wird Spieler A abgeworfen, muss er an der Seitenlinie warten, bis der Schüler, der ihn abgeworfen hat, selbst abgeworfen wurde. Nun darf Schüler A wieder mitspielen.

13 Quidditch

1. Klasse	
2. Klasse	
3. Klasse	••
4. Klasse	•••

Kraft	
Schnelligkeit	•••
Ausdauer	••
Gleichgewicht	
Geschicklichkeit	•••
Kooperation	••

Sporthalle	•
Sportplatz	•
Gelände	
Sonstiges	

» mindestens 14 Spieler
» In jeder Mannschaft gibt es einen Sucher, einen Hüter, einen Treiber und mindestens 4 weitere Spieler.
» kleiner Ball (z. B. Tischtennisball) als Schatz
» 2 Softbälle als Klatscher
» einen Spielball (z. B. ein kleiner Handball)
» 4 Hütchen zur Markierung der Tore.
» Das Spielfeld sollte an die Mannschaftsgröße angepasst sein, evtl. benötigt man noch Hütchen o. Ä., um das Spielfeld abzugrenzen (besonders auf dem Sportplatz).
» Es wird zu Beginn eine feste Spielzeit festgelegt.

Vor dem Spiel wird der Schatz versteckt und die Sucher haben während der Spielzeit die Aufgabe, diesen zu suchen.

Die Spieler eines jeweiligen Teams versuchen mit dem Spielball Tore zu erzielen. Hierbei dürfen sie sich den Ball nur gegenseitig zuwerfen und keine Rückpässe machen. Ein Spieler darf immer nur 3 Schritte mit dem Ball laufen, bevor er ihn wieder abspielen muss.

Die Treiber befinden sich außerhalb des Feldes und versuchen die Spieler der anderen Mannschaft abzuwerfen. Wurde ein Spieler getroffen, so muss er eine Runde um das Spielfeld laufen und darf erst dann wieder am Spiel teilnehmen. Der Torwart kann nicht abgeworfen werden. Jeder Treiber hat einen Ball. Diesen muss er sich immer wieder zurückholen, um dann wieder von außen die Spieler abwerfen zu können.

Das Team, das in der festgelegten Zeit die meisten Tore geworfen hat, gewinnt. Jedoch kann ein Sucher das Spiel vorzeitig beenden, indem er den Schatz findet. Ist dies der Fall, so hat sein Team auf jeden Fall gewonnen, unabhängig vom Spielstand des durchgeführten Parteispieles.

15 Stoppball

1. Klasse	•
2. Klasse	••
3. Klasse	•••
4. Klasse	•••

Kraft	
Schnelligkeit	•••
Ausdauer	•
Gleichgewicht	
Geschicklichkeit	••
Kooperation	

Sporthalle	•
Sportplatz	•
Gelände	•
Sonstiges	•

1 Ball

Ein Mitspieler wird bestimmt, der das Spiel beginnt. Die Mitspieler stellen sich in einem engen Kreis um diesen Spieler auf. Er bekommt einen Ball in die Hand. Diesen wirft er nun hoch. Solange der Ball in der Luft ist, rennen die anderen Mitspieler auseinander. Fängt der Spieler den Ball wieder mit seinen Händen, ruft er „STOPP!“. Alle Mitspieler müssen stehen bleiben. Jetzt versucht er mit dem Ball einen der anderen Mitspieler abzuschießen. Gelingt ihm dies, muss der Getroffene an seiner Stelle in die Mitte und den Ball werfen, da das Spiel nun wieder von vorn beginnt.

16 Wand-Kick

1. Klasse	
2. Klasse	
3. Klasse	••
4. Klasse	•••

Kraft	
Schnelligkeit	•••
Ausdauer	••
Gleichgewicht	
Geschicklichkeit	•••
Kooperation	•••

Sporthalle	•
Sportplatz	
Gelände	
Sonstiges	

» 2 Softbälle
» 2 Markierungslinien an den Stirnseiten der Sporthalle auf der Höhe von 1,50 m

Es spielen zwei Mannschaften von je vier bis sechs Spielern gegeneinander. An den beiden Wänden der Stirnseiten der Sporthalle wird jeweils eine Markierungslinie in einer Höhe von 1,50 m angebracht.

Bei diesem Spiel ohne Torhüter und mit zwei Bällen soll nun jede Mannschaft einen der Spielbälle gegen die gegnerische Stirnwand oberhalb dieser Markierungslinie schießen, gleichzeitig muss natürlich die eigene Stirnseite verteidigt werden. Ist einem Spieler ein Treffer gelungen, rennt dieser mit dem Ball schnell zum zentral postierten Spielleiter, übergibt diesem den Ball und ruft laut „Tor". Sofort wird der übergebene Ball vom Spielleiter wieder neutral ins Spielfeld zurückgeworfen.

17 Laufball

1. Klasse	
2. Klasse	••
3. Klasse	•••
4. Klasse	•••

Fähigkeit	
Kraft	
Schnelligkeit	•••
Ausdauer	•••
Gleichgewicht	
Geschicklichkeit	•
Kooperation	••

Ort	
Sporthalle	•
Sportplatz	
Gelände	
Sonstiges	

» 2 Mannschaften (Lauf- und Feldmannschaft)
» ein ca. 20 mal 30 m großes, rechteckiges Spielfeld
» 1 leichter Handball

Die Feldmannschaft steht in Kreisformation im begrenzten Feld. Die Schüler der Laufmannschaft befinden sich außerhalb des Spielfeldes hinter der Grundlinie.

Nun wirft der erste Spieler der Laufmannschaft den Handball in das Feld und rennt sofort danach einmal um das Spielfeld herum. Ein Spieler der Feldmannschaft muss den Ball so schnell wie möglich aufnehmen oder fangen und ihn zu seinen Mitspielern in den Kreis werfen. Der Handball muss so schnell wie möglich einmal im Kreis zugepasst werden. Der letzte Spieler hat dann die Aufgabe, den Handball über die Grundlinie zu werfen. Hat der Ball die Grundlinie überquert, muss der Spieler der Laufmannschaft sofort stehen bleiben und drei Schritte zurückgehen. Sobald der nächste Schüler der Laufmannschaft geworfen hat, darf der betreffende Spieler weiterlaufen. Sein Ziel ist es, ebenfalls die Grundlinie zu passieren. Wenn alle Spieler der Laufmannschaft einmal um das Spielfeld gelaufen sind, ist der Durchgang beendet und der Wechsel der Mannschaften kann erfolgen. Gewonnen hat die Mannschaft, welche weniger Ballwürfe benötigte, um alle Spieler der eigenen Mannschaft einmal um das Spielfeld zu schicken.

Es darf immer nur ein Schüler der jeweiligen Laufmannschaft um das Spielfeld herum unterwegs sein. Erst wenn dieser die Grundlinie überquert hat, darf sofort der nächste Schüler starten.

1 Captain Video

1. Klasse	
2. Klasse	•
3. Klasse	••
4. Klasse	•••

Fähigkeit	
Kraft	
Schnelligkeit	
Ausdauer	
Gleichgewicht	•
Geschicklichkeit	••
Kooperation	•••

Ort	
Sporthalle	•
Sportplatz	•
Gelände	•
Sonstiges	•

Zettel mit Begriffen verschiedener Tätigkeiten (z. B. Hände waschen), Augenbinden

- » Kinder stehen in einer Reihe nebeneinander und haben die Augen verbunden.
- » Das erste Kind (TN 1) in der Reihe liest sich einen Begriff durch und tippt seinen Nebenmann (TN 2) an, der dann die Augenbinde abnehmen darf.
- » TN 1 zeigt TN 2 nun den Begriff (z. B. Hände waschen) pantomimisch (ohne Sprechen).
- » TN 2 tippt darauf TN 3 an und führt diesem den gezeigten Begriff so exakt wie möglich vor. Wichtig ist hier die exakte Imitation der Bewegung des Vordermanns (TN 1).
- » TN 3 zeigt den Begriff dann TN 4 usw.
- » Der letzte in der Reihe (TN X) muss den Begriff ebenfalls nachahmen und muss dann erraten, was dargestellt werden sollte.

Je nach Alter der Kinder können leichtere oder schwerere Begriffe gewählt werden.

2 Menschenmemory

Klasse	
1. Klasse	••
2. Klasse	•••
3. Klasse	•••
4. Klasse	•••

Fähigkeit	
Kraft	
Schnelligkeit	
Ausdauer	
Gleichgewicht	•
Geschicklichkeit	•
Kooperation	•

Ort	
Sporthalle	•
Sportplatz	•
Gelände	•
Sonstiges	•

Es werden keine Materialien benötigt.

Zwei Kinder gehen vor die Tür. Dies sind die beiden Ratekinder. In der Zwischenzeit sucht sich jedes Kind im Klassenzimmer einen Partner. Jedes Paar überlegt sich nun eine Bewegung, welche beide Partner ausüben können. Zum Beispiel „Hüpfen auf einem Bein“, „Klatschen“, „Kniebeugen“ u. Ä. Danach geht das Pärchen wieder auseinander und verteilt sich unter den anderen Kindern im Klassenzimmer. Anschließend werden die Kinder, welche vor der Tür standen, wieder hereingebeten. Nun ist eines der Kinder an der Reihe, zwei Kinder in der Klasse „aufzudecken“. Durch die Benennung des jeweiligen Namens, werden die Kinder „aufgedeckt“. Das erste „aufgedeckte“ Kind muss seine Bewegung, welches es vorher mit seinem Partner verabredet hat, vormachen. Anschließend ruft das ratende Kind ein weiteres Kind auf, welches auch seine Bewegung vormachen muss. Wenn beide nun die gleiche Bewegung machen, ist ein Pärchen gefunden. Mit der Frage: „Gehört ihr zusammen?“, stellt sich das Pärchen auf die Seite von dem Kind, welches die beiden Kinder richtig „aufgedeckt“ hat. Das ratende Kind hat damit einen Punkt und ist nochmals an der Reihe. Falls man nun zwei Kinder „aufdeckt“, die nicht zusammen gehören, so ist das andere ratende Kind an der Reihe. Das Spiel wird so lange gespielt, bis alle Kinder „aufgedeckt“ sind. Ratekönig ist das Kind, welches am meisten Pärchen aufgedeckt hat.

3 Schaufensterpuppen formen

1. Klasse	•
2. Klasse	•••
3. Klasse	•••
4. Klasse	•••

Kraft	
Schnelligkeit	
Ausdauer	
Gleichgewicht	••
Geschicklichkeit	••
Kooperation	•••

Sporthalle	•
Sportplatz	•
Gelände	•
Sonstiges	•

Es werden keine Materialien benötigt.

Alle Kinder finden sich in Zweierteams zusammen. Ein Kind fungiert als „Schaufensterpuppe", das andere ist der „Puppenspieler". Die Puppe bewegt sich nicht von selbst. Der „Puppenspieler" bringt die „Puppe" durch vorsichtiges Positionieren von Armen, Beinen usw. in eine bestimmte Pose, sodass die restlichen Kinder erraten können, was diese Puppe darstellen soll. Vorher sollte allerdings geklärt werden, welche Kategorie es zu erraten gilt (Berufe, Tiere, Tätigkeiten, ...).

Das Kind, das als Erstes richtig rät, darf sich aussuchen, ob es der neue Puppenspieler oder die neue Puppe sein will. Es sucht sich seinen Partner aus.

Es ist möglich, den Figuren „Leben einzuhauchen" (dies eignet sich insbesondere für jüngere Kinder), indem diese bei „Knopfdruck" (z. B. durch das Drücken der Nase der Schaufensterpuppe) entweder ein bestimmtes, typisches Geräusch oder eine ausgewählte, typische Bewegung durchführen müssen. Anstatt die Figur erraten zu lassen, ist es auch möglich, die „Puppenspieler" auf ein Signal hin, einen „Museumsrundlauf" durchführen zu lassen, bei dem sie die unterschiedlichen Schaufensterpuppen betrachten und ausprobieren dürfen.

Wichtig ist es, dass die Kinder ausschließlich die verabredeten „Funktionen" durchführen und sich ansonsten ihrer Rolle als versteinerte „Schaufensterpuppen" bewusst sind.

4 Zwei Füße und drei Hände

1. Klasse	
2. Klasse	••
3. Klasse	•••
4. Klasse	•••

Kraft	••
Schnelligkeit	
Ausdauer	
Gleichgewicht	•••
Geschicklichkeit	•••
Kooperation	•••

Sporthalle	•
Sportplatz	•
Gelände	•
Sonstiges	•

Es werden keine Materialien benötigt.

Je nach Gruppengröße wird den Schülern die Aufgabe gestellt, gemeinsam eine Figur zu bilden, die nur mit einer vorgegebenen Anzahl von Körperteilen den Boden berühren darf (z. B. 2 Füße, 3 Hände / 2 Pos, 3 Füße o. Ä.).

Je drei Schüler bilden eine Gruppe. Diese muss nun eine bestimmte Strecke unter der Vorgabe des festgelegten Bodenkontaktes (s. o.) zurücklegen. Wie die Gruppe diese Aufgabe löst, bleibt ihr überlassen.

5 Besuch im Zoo

1. Klasse	
2. Klasse	••
3. Klasse	•••
4. Klasse	•••

Fähigkeit	
Kraft	
Schnelligkeit	
Ausdauer	
Gleichgewicht	••
Geschicklichkeit	•••
Kooperation	•••

Ort	
Sporthalle	•
Sportplatz	•
Gelände	•
Sonstiges	•

Es werden keine Materialien benötigt.

Die Spieler stehen im Kreis. Jeweils drei nebeneinander stehende Spieler bilden zusammen ein Tier:

» Elefant: Der mittlere Spieler fasst sich mit einer Hand an die Nase und steckt seinen freien Arm als Rüssel durch das entstehende Loch; die Spieler rechts und links formen mit ihren Armen die großen Elefantenohren.

» Krokodil: Der mittlere Spieler bildet mit seinen ausgestreckten Armen das auf und zu klappende Maul des Krokodils; die Spieler rechts und links bilden jeweils aus Daumen und Zeigefinger einen kleinen Kreis als Auge des Krokodils.

» Goldfisch: Der mittlere Spieler formt mit seinem Mund das stumme „Blupp!" des Goldfisches; die Spieler rechts und links bewegen ihre Hände als Seitenflossen des Goldfisches.

Weitere mögliche Tiere sind: Nashorn (Nase und zwei kleine Ohren), Ente (Schnabel und mit dem Po wackeln).

6 Das Gewitter

1. Klasse	•
2. Klasse	••
3. Klasse	•••
4. Klasse	•••

Fähigkeit	
Kraft	
Schnelligkeit	
Ausdauer	
Gleichgewicht	
Geschicklichkeit	••
Kooperation	•••

Ort	
Sporthalle	•
Sportplatz	•
Gelände	•
Sonstiges	•

Es werden keine Materialien benötigt.

Die Spieler und der Spielleiter stehen im Kreis. Es wird um Stille gebeten. Alle sollen die von der Lehrkraft vorgemachten Geräusche der Reihe nach nachmachen, sodass das Geräusch im Kreis weiterwandert, bis es vom nächsten Geräusch abgelöst wird. Dabei bleiben alle in ihrer Bewegung, bis die nächste Vorgabe „heranrollt". Die Lehrkraft schildert dabei die Stimmung eines heraufziehenden und sich entladenden Gewitters.

Der Spielleiter reibt die Hände aneinander (Rauschen des Windes). Die Bewegung wird vom linken Nachbarn aufgenommen und setzt sich im Kreis fort, bis sie wieder beim Lehrer ankommt. Dieser beginnt nun, mit den Fingern zu schnippen (erste Regentropfen fallen). Die Schüler übernehmen wieder der Reihe nach, bis die „Welle" wiederum bei ihrem Ursprung ankommt. Nun erfolgt der Reihe nach ein Klatschen auf die Oberschenkel (heftiger Regen) – zusätzlich Stampfen mit den Füßen (lautes Donnern und Blitzen): Das Gewitter hat seinen Höhepunkt erreicht und ebbt nun wieder ab. Die Bewegungen werden in umgekehrter Reihenfolge ausgeführt (Klatschen, Schnippen, Reiben der Hände) und verlieren an Intensität. Das Gewitter ist abgezogen, und erste Sonnenstrahlen dringen durch die Wolken.

7 Harmonie mit Reifen

Klasse	
1. Klasse	
2. Klasse	
3. Klasse	••
4. Klasse	•••

Fähigkeit	
Kraft	
Schnelligkeit	
Ausdauer	
Gleichgewicht	••
Geschicklichkeit	•••
Kooperation	•••

Ort	
Sporthalle	•
Sportplatz	•
Gelände	•
Sonstiges	•

1 Gymnastikreifen pro Teilnehmer

Alle Teilnehmer stehen im Stirnkreis. Jeder legt einen Reifen über seinen rechten Arm und fasst die Hand seines Nachbarn. Zwischen je zwei Teilnehmern hängt jetzt ein Reifen. Jeder Spieler soll nun durch jeden Reifen schlüpfen, ohne dass sich die Reifen berühren und ohne die Handfassung zu lösen.

Die Teilnehmer versuchen synchron zu agieren. In einem Auswertungsgespräch kann ggf. die Qualität der Ausführung thematisiert werden.

Für Jüngere:
Die Aufgabe wird einfacher, wenn nur halb so viel Reifen wie Teilnehmer verwendet werden.

Für Ältere:
Die Aufgabe wird schwieriger und fokussiert sich in besonderer Weise auf die taktilen Wahrnehmungsfähigkeiten der Spieler, wenn die Aufgabe mit verbundenen Augen durchgeführt wird.

8 Lustige Tiere

1. Klasse	••
2. Klasse	•••
3. Klasse	•••
4. Klasse	•••

Kraft	
Schnelligkeit	••
Ausdauer	•
Gleichgewicht	••
Geschicklichkeit	••
Kooperation	

Sporthalle	•
Sportplatz	•
Gelände	•
Sonstiges	

» Wenn außerhalb einer Sporthalle oder eines Sportplatzes gespielt wird, bedarf es einer Begrenzung des Spielfeldes, in dem sich die Kinder bewegen sollen.
» Musik und eine Musikanlage werden benötigt. Es sollte sich um schnelle, lustige Musik handeln, die die Kinder zu zügiger Bewegung anregt.

Die Kinder laufen zu Musik durch die Halle. Wenn die Musik gestoppt wird, nehmen die Kinder zügig eine der folgenden Positionen ein. Der Lehrer ruft laut die Position aus. Wenn die Musik weitergeht, laufen auch die Kinder wieder quer durch die Halle.

» Pinguin: Alle Kinder laufen in die Hallenmitte, stellen sich eng aneinander und strecken beide Arme in die Höhe.
» Faultier: Alle Kinder erstarren und dürfen sich nicht mehr bewegen.
» Giraffe: Alle Kinder bleiben stehen und strecken ihren rechten Arm als Giraffenhals in die Luft.
» Fisch: Alle Kinder bewegen sich mit Schwimmbewegungen vorwärts durch die Halle.
» Maikäfer: Alle Kinder legen sich auf den Rücken und strecken beide Arme und Beine in die Luft und zappeln mit diesen.
» Känguru: Alle Kinder springen in großen Sprüngen durch die Halle.
» Pferd: Alle Kinder galoppieren durch die Halle.
» Adler: Alle Kinder laufen mit ausgestreckten Armen in Achterform durch die Halle.
» Affe: Alle Kinder steigen auf Bänke, ihre Füße dürfen den Hallenboden nicht mehr berühren.

» Die Kinder dürfen sich selbst noch eigene Tiere und deren Positionen beziehungsweise Bewegungen ausdenken.
» Nicht der Lehrer bestimmt, welche Tierposition die Kinder einnehmen sollen, sondern ein Kind. Das Kind, das zuletzt die Position oder gar eine falsche Position einnimmt, darf das nächste Mal wählen.

Die Kinder sollen beim Laufen durch die Halle auf ihre Mitschüler Rücksicht nehmen.

9 Puzzle

1. Klasse	
2. Klasse	
3. Klasse	••
4. Klasse	•••

Fähigkeit	
Kraft	
Schnelligkeit	
Ausdauer	
Gleichgewicht	
Geschicklichkeit	•••
Kooperation	•••

Ort	
Sporthalle	•
Sportplatz	•
Gelände	•
Sonstiges	•

» 1 Skatspielsatz, 4 Puzzles à 20 Teile

Vorzubereiten sind vier Puzzles mit je ca. 20 Teilen. Die Gruppe wird aufgeteilt in vier Kleingruppen. Jede Kleingruppe bekommt von jedem Puzzle ein Viertel. Außerdem erhält jede Kleingruppe einen Satz Karten eines Skatspiels (7, 8, 9, 10, Bube, Dame, König, Ass). Jede Gruppe hat ein Quartier in einer Ecke des Raums und entscheidet zunächst, welches Puzzle sie sammelt. Dazu muss sie die ihr fehlenden Puzzleteile von den anderen Gruppen kaufen und die nicht benötigten loswerden. Der Kaufvorgang geschieht nur auf dem Markt (die Hallenmitte) und unterliegt folgenden Regeln: Zum Kauf geht immer nur eine Person pro Gruppe, ausgestattet mit der obersten Spielkarte des eigenen Kartenstapels und einem nicht benötigten Puzzleteil. Alle Käufer treffen sich in der Mitte. Jeder legt sein Puzzleteil verdeckt nieder. Dann zeigt jeder seine Spielkarte vor. Derjenige mit der höchsten Spielkarte gewinnt alle Teile. Gewinnen zwei Spieler, so teilen sie die Puzzleteile untereinander, ohne sie anzusehen, auf. Gewinnen drei oder alle vier, geht jeder mit einem der anderen Puzzleteile zurück. Ziel ist es, das Puzzle als erste Gruppe fertiggestellt zu haben.

Für Jüngere: Jede Gruppe gibt in jeder Runde ein Puzzleteil im Uhrzeigersinn an die nächste Gruppe weiter und darf sich dort aus den verdeckten Teilen eines ziehen.

Für Ältere: Die Gruppen erhalten keine Spielkarten. Sie müssen sich beim Tausch der Puzzleteile ganz auf ihr Verhandlungsgeschick verlassen.

Lernzielvariante: Jede Gruppe erhält die Anzahl an Puzzleteilen (von ganz verschiedenen Puzzles), die für ein komplettes Puzzle nötig sind. Puzzleteile für ein weiteres Puzzle liegen an einem zentralen Ort. Jede Gruppe entscheidet, welche Puzzleteile sie sammeln will. In einer Art Staffelspiel darf ein Teilnehmer jeder Gruppe jeweils ein benötigtes Teil an dem zentralen Ort tauschen. Die Gruppe, die als Erste ihr Puzzle fertig hat, hat gewonnen.

Die Gesprächskultur in den Kleingruppen sollte vom Pädagogen beobachtet werden. Die Kaufregeln können variieren. In einem Auswertungsgespräch kann man auf die Strategiefindung in den Kleingruppen eingehen.

10 Robotertanz

1. Klasse	•
2. Klasse	••
3. Klasse	•••
4. Klasse	•••

Kraft	
Schnelligkeit	•
Ausdauer	
Gleichgewicht	•••
Geschicklichkeit	••
Kooperation	••

Sporthalle	•
Sportplatz	
Gelände	
Sonstiges	

» 2 Mannschaften
» Musik

Zwei Mannschaften (ggf. Mädchen und Jungen) stehen sich gegenüber. Jede Mannschaft steht an einer Hallenwand. Wenn die Musik beginnt, läuft eine Gruppe mit tänzerischen Bewegungen zur Mittellinie. Dort „gefrieren alle Gruppenmitglieder zu Eis“. Die zweite Mannschaft läuft nun ebenfalls mit tänzerischen Schritten auf die „Erstarrten“ zu. Indem man diese auf eine beliebige Weise berührt und in exakt jener Stellung verharrt, befreit man die zu Beginn „Erstarrten“. Nun werden diese zu „Befreiern“. Dieser Ablauf wiederholt sich so lange, bis der Spielleiter das Spiel beendet.

11 Sandsturm

Klasse	
1. Klasse	
2. Klasse	
3. Klasse	••
4. Klasse	•••

Fähigkeit	
Kraft	
Schnelligkeit	
Ausdauer	
Gleichgewicht	•••
Geschicklichkeit	•••
Kooperation	•••

Ort	
Sporthalle	•
Sportplatz	•
Gelände	•
Sonstiges	•

1 Augenbinde für jeden Spieler

Der Spielleiter führt die Gruppe von einem Startpunkt (z. B. markanter Ort im Schulhof) zu einem Zielpunkt. Je nach Gruppengefüge und Lernortsituation, kann dies ein Spaziergang von bis zu 15 Minuten sein. Am Zielpunkt werden allen Teilnehmern die Augen verbunden. Aufgabe der Gruppe ist es, den Weg zurückzufinden. Wichtig ist, dass alle Spieler sicher zurückkommen.

Mögliche Hintergrundgeschichte zum Spiel: „Eure Wüstenexpedition gerät in einen Sandsturm, der das Sehen unmöglich macht. Die einzige Rettung ist, auf bekanntem Weg in die letzte Oase zurückzukehren."

Für Jüngere: Die Gruppe bestimmt einen Teilnehmer, der sie sicher zurückführt.

Für Ältere: Nach einer Planungsphase muss der Weg schweigend zurückgelegt werden. Nonverbale Kommunikation ist erlaubt und erwünscht.

Lernzielvariante: Die Gruppe hat vorher die Möglichkeit, den Weg für eine gewisse Zeit einzusehen oder sogar abzugehen. Sie darf allerdings keine Erkennungsmerkmale anbringen. Die Gruppe muss dann in einer bestimmten Zeit zu einem Ziel gelangen.

Wie bei jedem Blindenspiel ist ein Notsignal zu vereinbaren, bei dem jeder „Blinde" sofort stehen bleiben muss.

12 Siamesische Zwillinge

1. Klasse	
2. Klasse	•
3. Klasse	••
4. Klasse	•••

Kraft	
Schnelligkeit	
Ausdauer	
Gleichgewicht	•••
Geschicklichkeit	••
Kooperation	•••

Sporthalle	•
Sportplatz	•
Gelände	•
Sonstiges	•

1 Augenbinde für jedes Spielerpaar

Die Teilnehmer gehen paarweise zusammen. Jeweils ein Partner hat verbundene Augen. Die Paare berühren sich an Schulter und Oberarm; sich an der Hand zu halten oder einzuhaken ist nicht erlaubt. Ein Paar wird zum Fängerpaar; fangen darf nur der Blinde.

Für Jüngere: Beide Teilnehmer können sehen.

Für Ältere: Nach jedem gelungenen Fangen wechseln beim „alten" Fängerpaar die Rollen „Blinder" und „Führender".

Lernzielvariante: Als Waldspaziergang oder als Orientierungslauf wird das „siamesische Laufen" zu einer sehr intensiven Vertrauensaktivität.

Insbesondere jüngeren Spielern muss man verdeutlichen, dass kein Blinder alleine laufen darf. Der Spielleiter muss mit den Teilnehmern ein Notsignal vereinbaren, bei dem alle sofort stehen bleiben.

13 Sortieren

1. Klasse	
2. Klasse	•
3. Klasse	••
4. Klasse	•••

Fähigkeit	
Kraft	
Schnelligkeit	
Ausdauer	
Gleichgewicht	•••
Geschicklichkeit	•••
Kooperation	•••

Ort	
Sporthalle	•
Sportplatz	•
Gelände	•
Sonstiges	•

Balken, Turnbank, Mauer o. Ä.

Alle Teilnehmer stellen sich auf den Balken (Turnbank, Mauer). Aufgabe ist es, sich nach bestimmten Gesichtspunkten zu sortieren. Dies kann nach Körpergröße, der Länge des Anfahrtswegs, der Schuhgröße, der Haarlänge, dem Geburtsdatum u.v.m. geschehen. Während des Sortiervorgangs darf keiner der Gruppe den Balken verlassen. Mehrere Spielrunden sind möglich.

Für Jüngere: Als Koordinations- und Bewegungsaufgabe auf einer Langbank mit einem einfachen Sortierkriterium (z. B. Größe) ist dieses Spiel durchaus in der 1. Klasse und auch im Kindergarten möglich.

Für Ältere: Darf beim Spiel nicht geredet werden, erschwert sich der Austausch der Informationen, die für die Sortierung notwendig sind.

Lernzielvariante: Mit folgender Variante lassen sich die Kooperation und die Spielausdauer einer Gruppe beobachten: Alle Teilnehmer haben verbundene Augen. Sie stehen in einem Innenstirnkreis. Keiner darf reden. Nun bekommen sie die Aufgabe, sich nach Geburtsdatum (Jahr, Monat, Tag) zu sortieren.

Der Spielleiter sollte sensibel reagieren, wenn Teilnehmer dabei sind, denen aus weltanschaulichen oder kulturellen Gründen Körperkontakt sehr unangenehm oder möglicherweise verboten ist.

14 Spiegel der Gefühle

1. Klasse	•
2. Klasse	••
3. Klasse	•••
4. Klasse	•••

Kraft	
Schnelligkeit	
Ausdauer	
Gleichgewicht	•
Geschicklichkeit	•
Kooperation	••

Sporthalle	•
Sportplatz	•
Gelände	•
Sonstiges	•

Es wird ein größerer Raum oder Platz ohne Hindernisse benötigt. Hilfsmittel sind nicht erforderlich, weshalb das Spiel auch spontan und zwischendurch gespielt werden kann.

Die Schüler suchen sich einen Partner und verteilen sich in den gewählten Zweiergrüppchen im Raum oder dem Gelände. Die jeweiligen Gruppen sollten ungefähr drei Meter voneinander entfernt sein. Nun beschreibt der Lehrkraft ein Gefühl, zum Beispiel Traurigkeit. Bei jüngeren Schülern wäre es angebracht, einige Darstellungsmöglichkeiten zu nennen, zum Beispiel „Arme hängen lassen, weinen“. Während der eine Partner das Gefühl mit Mimik, Gestik und Geräuschen darstellt und dabei auch herumlaufen kann, beobachtet der andere den Spieler genau. Nach ungefähr einer Minute gibt die Lehrerkraft ein Signal, das den Spielenden in der Bewegung und Mimik erstarren lässt, was höchste Körperspannung erfordert. Nun läuft der Beobachter um den erstarrten Spieler herum und merkt sich jedes Detail. Danach stellt er sich dem Spieler gegenüber und versucht, jeden Aspekt des anderen (Gesichtsausdruck, Haltung, Gestik usw.) spiegelverkehrt darzustellen, sodass es aussieht, als ob sich der Spieler spiegelt. Auf das nächste Signal des Lehrers reagiert diesmal der Spieler, der aus seiner Erstarrung erwacht. Diesmal sieht er sich sein „Spiegelbild“ genau an und kann so herausfinden, wie seine Darstellung wirkt. Dann wird die Rolle des Spielers und Beobachters gewechselt und die Lehrkraft gibt ein neues Gefühl vor.

Dieses Spiel kann pantomimisch oder mit Geräuschen und Worten gespielt werden; das hängt von der Akustik des Raumes und der Anzahl der Schüler ab.

Bei älteren Schülern könnte es ein großer Reiz sein, nur ein Wort zu sagen und sie selbst kreativ werden zu lassen, um verschiedene Darstellungsmöglichkeiten auszuprobieren. Bei jüngeren, ungeübten Schülern könnte diese Vorgehensweise eher zu Verwirrung und Ratlosigkeit führen. Als Lehrer muss man abwägen, wie viel Information man über das Gefühl preisgibt.

15 Toaster

1. Klasse	
2. Klasse	••
3. Klasse	•••
4. Klasse	•••

Kraft	
Schnelligkeit	••
Ausdauer	
Gleichgewicht	•
Geschicklichkeit	••
Kooperation	•••

Sporthalle	•
Sportplatz	•
Gelände	•
Sonstiges	•

Für das Toaster-Spiel stehen oder sitzen alle Teilnehmer im Kreis. Ein Freiwilliger steht in der Mitte und nennt eine Figur oder ein Gerät. Er dreht sich und zeigt auf eine Person. Diese und die beiden nebenstehenden Personen müssen die genannte Figur (das Gerät) darstellen. Derjenige, der bei der Darstellung einen Fehler macht, muss bei der nächsten Runde in die Mitte des Kreises. Macht niemand einen Fehler, muss sich die Person, die in der Mitte des Kreises steht, erneut drehen und das Spiel beginnt von vorne.

Mögliche Figuren:

Toaster: Die mittlere Person steht. Ihre Nachbarn fassen sich so an den Händen, dass die mittlere Person von den Armen eingeschlossen ist. Jetzt springt die mittlere Person wie ein Toast in die Höhe.

Mixer: Die mittlere Person steht und hebt ihre Arme über die Köpfe ihrer Nachbarn. Diese drehen sich wie Quirle.

Kuckucksuhr: Die mittlere Person steht „Kuckuck, Kuckuck“ rufend in der Mitte. Die beiden Nachbarn drehen sich um sich selbst.

Affe: Der Affe sieht nichts, hört nichts, spricht nichts (von links nach rechts). Also der linke Nachbar nimmt die Hände vor die Augen, die mittlere Person auf die Ohren und der rechte Nachbar vor den Mund.

Bei den Figuren sind der Fantasie keine Grenzen gesetzt. Bei älteren Teilnehmern kann eine Zeitfrist gesetzt werden, bis die Figur fertig sein muss. So kann die Spannung gesteigert werden.

Für die Sicherheit der Teilnehmer muss gesorgt sein – umherliegende Gegenstände müssen beseitigt werden.

16 Eine spannende Wanderung

1. Klasse	••
2. Klasse	•••
3. Klasse	•••
4. Klasse	•••

Kraft	
Schnelligkeit	•
Ausdauer	•
Gleichgewicht	
Geschicklichkeit	•
Kooperation	

Sporthalle	•
Sportplatz	•
Gelände	•
Sonstiges	

Dieses Spiel verlangt keine Anwendung von bestimmten Materialien. Es muss vorab nur gesagt werden, dass die Kinder sich zu Beginn gleichmäßig im Raum verteilen sollen.

Die Kinder durchleben die Geschichte, die der Lehrer laut, deutlich und „emotionsgeladen" vorliest. Dabei sollen sie genau dies mit ihrem eigenen Körper tun, was der Wanderer in der Geschichte auch tut bzw. erlebt. Sie sollen seine Emotionen ausdrücken und ihre Bewegungen im Raum der Geschichte anpassen.

Die Geschichte:
Ihr seid alle Wanderer und begebt euch auf eine lange Reise, auf der ihr viel erleben werdet. Zuvor müsst ihr aber euren Rucksack packen. Dabei seid ihr ausgelassen und freut euch sehr auf die bevorstehende Wanderung, ihr seid ausgeschlafen und habt ein dickes Grinsen auf dem Gesicht. Wenn ihr euren Rucksack fertig gepackt habt, zieht ihr eure Schuhe an und bindet sie zu. Danach packt ihr den Rucksack auf euren Rücken und wollt loslaufen. Ups! Da merkt ihr, dass ihr etwas vergessen habt – euren Wanderstock! Jetzt aber schnell – den Wanderstock in die Hand und los geht's! Ihr lauft los, freut euch dabei und seid voller Tatendrang und Energie. Leichtfüßig bewältigt ihr die ersten Kilometer und fühlt euch richtig super dabei. Oh, plötzlich steht ihr vor einem riesengroßen Berg! Ihr besteigt ihn, werdet immer langsamer – es ist so anstrengend! Ihr schwitzt schon richtig, die Zunge hängt euch aus dem Mund heraus und jeder Schritt schmerzt bei diesem gewaltigen Aufstieg. Nun müsst ihr sogar noch ein paar Meter klettern – ohjee. Puh, oben angekommen freut ihr euch sehr und seid erleichtert, es geschafft zu haben. Ihr wischt euch den Schweiß aus dem Gesicht und es kann weitergehen. Ihr lauft wieder mit einem Grinsen im Gesicht weiter und habt den Berg längst vergessen. Doch plötzlich seht ihr hinter einer Biegung eine Räuberbande! Ihr schreit vor Angst und bekommt richtige Panik. Die einzige Möglichkeit ist so schnell ihr könnt wegzurennen. Ihr rennt und rennt und rennt … bis ihr nicht mehr könnt. Da schaut ihr euch voller Angst um und sucht die Räuber. Puh! Abgehängt, ihr könnt keinen mehr sehen! Ihr seid unglaublich erleichtert und könnt euer Glück kaum fassen, die Angst fällt von euch, wie ein schwerer Stein und ihr könnt euch ein lautes Lachen nicht verkneifen. Nun könnt ihr euch kurz entspannen und macht deshalb eine kleine Trinkpause auf einem schönen großen Stein. Ihr holt eure Flasche aus dem Rucksack und trinkt einen großen Schluck daraus. Na, dann kann's ja weiter gehen! Ihr zieht den Rucksack wieder auf und lauft euren Weg weiter – leichtfüßig und voller Vorfreude auf euer noch weit entferntes Ziel. Da! Plötzlich seht ihr vor euch einen anderen Wanderer, den ihr kennt!

Ihr freut euch riesig und umarmt ihn. Ihr haltet ein kleines, sehr nettes und witziges Gespräch und lacht dabei sehr viel. Doch dann ist die Zeit gekommen, sich zu verabschieden und jeder geht seinen eigenen Weg weiter. Ihr seid SEHR traurig und weint sogar. Ihr lasst die Arme hängen und habt so gar keine Lust mehr auf dieses blöde Wandern. Zu allem Übel steht plötzlich auch noch ein riesiger Bär vor euch auf dem Weg! Ihr bekommt die totale Panik und verfallt in eine Art Angststarre. Ihr bewegt euch keinen Zentimeter mehr und seid mucks-mäuschen-still. Pssst ... Der Bär hat euch Gott sei Dank nicht gesehen und läuft einfach weiter. Ihr seid unfassbar erleichtert und könnt euer Glück kaum glauben. Nun könnt ihr euren Weg fortsetzen. Ihr hüpft dabei über verschiedene kleine Bäche und Äste und seid quietsch-fidel. Ohhhhhhh, total überrascht bleibt ihr stehen. Vor euch – da ist es – euer Ziel! Ein Gästehaus, in dem ihr endlich schlafen könnt. Vor Freude springt ihr dreimal in die Luft und jubelt laut, sodass alle es hören! Puuuh, aber plötzlich seid ihr von dem ganzen anstrengenden Dingen, die euch auf dem Weg passiert sind, unendlich müde und streckt euch und gähnt ganz laut. Endlich könnt ihr euch in euer Bett legen und einen schönen Traum über eure Wanderung träumen ...

Es kann eine beliebige Geschichte erzählt werden. Dabei können Materialien, Hindernisse und Sonstiges hinzugefügt werden.

Wenn die Kinder in der Geschichte rennen müssen, muss vorab darauf aufmerksam gemacht werden, dass sie aufeinander Acht geben müssen und sich nicht gegenseitig verletzen.

Spiele mit dem Schwerpunkt 1. und 2. Klasse

Spiele mit motorischer Regelmäßigkeit

Lauf-, Such- und Fangspiele

Kampfspiele

Parteiliche Tor- und Punktespiele

Darstellungs- und Rollenspiele

Spiele mit dem Schwerpunkt 3. und 4. Klasse

Spiele mit motorischer Regelmäßigkeit

Lauf-, Such- und Fangspiele

Praxis Ideen für Schul-, Kindergarten- und Vereinssport

Klaus Moosmann (Hg.)

Das große Limpert-Buch der Kleinen Spiele

550 Bewegungsspiele für Jung und Alt

Kleine Spiele sind die Basis jeglichen Sportunterrichts in Kindergarten, Schule, Verein und anderen Einrichtungen, in denen gemeinsam Sport getrieben wird. Kleine Spiele eignen sich zum Stundeneinstieg, sie können im Mittelpunkt einer Trainingseinheit stehen oder mal zwischendurch den Alltag auflockern. Kleine Spiele schulen konditionelle und koordinative Fähigkeiten sowie technische Fertigkeiten. Vor allem aber können sie in besonderer Weise für pädagogische Ziele wie die Verbesserung des sozialen Verhaltens, zur Vertrauensbildung, zum Einüben von Regeln und zum Kennenlernen in Gruppen eingesetzt werden. Und schlussendlich: Kleine Spiele machen einfach jedem Spaß, ob jung oder alt, und leisten damit einen wichtigen Beitrag zur Gesunderhaltung und zur Freude am lebenslangen Sporttreiben. Dieses von ausgewiesenen Fachautorinnen und Fachautoren unter bewährter Federführung von Klaus Moosmann zusammengestellte Buch enthält die besten und bekanntesten Kleinen Spiele für jeden Bedarf und jede Gelegenheit. Piktogramme und ein Farbleitsystem gewährleisten die schnelle Umsetzung in die Praxis. Ein umfangreiches Register ermöglicht das schnelle Auffinden der geeigneten Spiele nach den jeweiligen Voraus- und Zielsetzungen. Diese 5. Auflage ist insbesondere durch das neue Kapitel „Camp- und Spaßspiele" auf jetzt 550 Spiele erweitert worden.

5., erweiterte Aufl., 492 S., ca. 200 farb. Abb., ca. 20 Tab., geb., 16,5 x 24 cm
ISBN 978-3-7853-1999-4, Best.-Nr.: 343-01999 **39,95 €**

Preisstand 2023